吻青蛙的理財

金鑰

童話森林的19堂投資入門課

米杜頓兄弟 ── 著

蘇有薇＋郭寶蓮 ── 譯

▼學員介紹

高蒂拉：就是童話中那個冒冒失失闖進棕熊家的金髮女孩啦！不過她也因此和棕熊一家人變成好朋友，而且她把這個故事賣給媒體，賺了一筆錢。為了回饋棕熊家庭，高蒂拉向森林裡的理財專家學投資之道，探究可以把錢變大的祕密。

熊爸爸塞席爾：
衝動派，喜歡冒險，
股票是他的最愛。

熊媽媽貝莉兒：
保守派，只肯把錢存
在烏龜銀行裡，總是
潑熊爸爸冷水。

萬人迷王子：王位第二順位繼承人，泡妞高手，八卦雜誌追逐的對象，為高蒂拉的積極進取所傾倒。雖然他有點風流，但其實心地善良，只是需要一份真愛。

熊小妹丹妮絲：中間派，為了平衡爸媽的爭執，常常說「為什麼不兩種都嘗試一點？」

▼講師介紹

貓頭鷹：森林中首屈一指的理財專家，多年來研究各種投資工具，擅長用比喻講解複雜的理論。雖然貓頭鷹並非百戰百勝──他跟波斯貓的婚姻就是個例子──但這也讓他更能從失敗中歸納出成功的原則。

野兔：資深股票交易員，年輕時急躁冒進，中年之後個性轉為沉穩，深諳進出股市的各種眉角。帶領一群朝氣蓬勃的野兔交易員，每天在股市及衍生性商品市場中衝鋒陷陣。

烏龜：銀行家，他的龜殼裡存放著森林居民的存款，擅長放貸之道。

野狼：稅務員，冷酷無情，大家都討厭，但你不能忽視他的存在。

三隻小豬：房地產大亨，身材跟越來越多的財富成正比，幾乎要改名三隻巨豬了。坐擁森林最熱鬧的地段，收取租金獲利頗豐。操作不動產是他們的強項。

國家圖書館出版品預行編目資料

吻青蛙的理財金鑰——童話森林的19堂投資入門課／
米杜頓兄弟（The Brothers Middleton）著 —初版— 臺北
市：信實文化行銷，2008.07
　　　　面；　公分
　　　　譯自：Kissing the Frog : Myths And Magic About Investing
　　　　ISBN: 978-986-6620-01-0　（平裝）
　　　　1.理財　2.投資　3.通俗作品

563　　　　　　　　　　　　　　　　　　97006145

吻青蛙的理財金鑰——童話森林的19堂投資入門課

作　　　者：米杜頓兄弟

總 編 輯：許麗雯

主　　編：胡元媛

執行編輯：黃心宜

特約編輯：高娣拉

美術編輯：張尹琳

插　　書：黃可萱

行銷總監：黃莉貞

發　　行：楊伯江、許麗雪

出　　版：信實文化行銷有限公司

地　　址：台北市大安區忠孝東路四段341號11樓之三

電　　話：（02）2740-3939

傳　　真：（02）2777-1413

http://www.cultuspeak.com.tw

E-Mail：cultuspeak@cultuspeak.com.tw

劃撥帳號：50040687信實文化行銷有限公司

松霖彩色印刷（02）2240-5000

圖書總經銷：時報文化出版企業股份有限公司

中和市連城路134巷16號

電　　話：（02）2306-6842

Kissing the Frog : Myths And Magic About Investing by The
Brothers Middleton

Copyright © David and Philip Middleton 2007

This edition arranged with THE DRUMMOND AGENCY /
DRUMMOND PUBLISHING SERVICE PTY LTD

Through Big Apple Tuttle-Mori Agency, Inc.

Complex Chinese edition copyright : 2008 by CULTUSPEAK
PUBLISHING CO., LTD　All rights reserved.

2008年7月初版一刷
定價：新台幣299元

CONTENTS

在理財魔法森林中享受學習

　　我曾經寫過一篇文章叫「從動物的掠食行為看投資」，這是我在國家地理頻道看到獅子的獵殺行為後所引發的靈感。《吻青蛙的理財金鑰——童話森林的19堂投資入門課》也是用動物的角色去寫投資，而且用各種有代表性的動物介紹完整的投資面。為什麼投資者經常會從動物眼光看到投資世界呢？因為「投資」是一種生物「本能」的問題，所有生命體都要吃，吃飽了之後，就會想要怎麼使剩下的變更多，以免日後沒得吃，為了追尋這個「永遠有得吃」的安全感，動物必需運用各種技巧，而人類則發明了各種「投資」方式，也因此營造出銀行、房屋仲介公司、證券公司、投信、投顧、期貨、選擇權等豐富無比的投資衍生圈，每天有成千上萬人在此賴以為生，跟一座生趣盎然的森林動物圈沒什麼兩樣。

　　《吻青蛙的理財金鑰——童話森林的19堂投資入門課》是一本相當可親可愛的書，我一看就愛死它了！當我翻開第一章時，就好像自己變身為金髮女孩高蒂拉跟動物們坐在森林裡溫暖的小木屋中，討論每天都要面對的日常問題，並常在每個段落轉彎處會心一笑！事實上投資理財真的是日常問題，如果你日常就鋪好路，錢就會像輸油管一樣自動送上門；如果你沒有在日常處理好剩餘的錢或所欠的債，往後的生活可能就會變得一團糟。在閱讀的過程中，你會發現學投資居然像小貝比喝牛奶或蜂蜜一樣容易，作者透過可愛動物每個認真的發問和思考，將投資觀念一點一滴自然的滲透進你的腦中，讓你學「投資」完全不費吹灰之力。

　　雖然它像童話書一樣平易近人，但作者卻是赫赫有名的米杜頓兄弟（

The Brothers Middleton），他們是澳洲普萊斯考特證券公司（Prescott Securities Limited）的總裁和顧問，專業能力自然不在話下，所以你不必擔心內容太過簡單不夠專業，事實上，他們只是把枯燥的數據像變魔法一樣，用輕鬆簡單的口吻和思惟，簡捷有力的轉換出來，其間有許多寓言和童話故事的隱喻令人發噱，這本書終於讓我們見識到充滿童趣的國外投資大師，是什麼功力了！

最令我嘖嘖稱奇的就是那本益比十七倍的神奇數字，我是一個相當保守的投資人，個人的投資習慣是在本益比十倍以下準備買進，在本益比十五倍以上準備賣出，我自己不知道是什麼原因，只知道本益比在十倍以下，風險較低，股價不易下跌，所以我經常會買到本益比八倍的價位；至於出貨時，我以經驗判斷，本益比十五倍以上風險已高，如果不準備賣出，股價下殺拉回的可能性極高，因此我經常會賣到本益比十七倍左右的價位。這個準則雖然不是每一次都靈，但靈驗的機率相當高，讀了這本書，看了米杜頓兄弟計算的過程，我才知道本益比十七倍的神奇數字不是偶然，而是個科學數據，可以精算出來的。這個發現，就像古時候的農夫以經驗觀測氣候，現代天文氣象學給予科學答案一樣令人拍案叫絕！在本書你會處處看到這類的驚奇。

我深受彼得林區的投資觀念影響，他重視選擇優質企業、本益比……等，許多概念都與本書不謀而合，讓我察覺到投資世界萬本歸宗，真正會致富且正統的方法都是「投資」而不是「投機」。本書作者用三月兔和九月兔的操作和心態差異，讓讀者在幽默的劇情中看到「投機」和「投資」的差異，場景跟電影中交易室的情節一樣精彩，不過你卻可以在看完一段精彩劇情後，真正學到東西。作者不厭其煩舉一些很簡易的例子，像超市、大眾交

通公司、蛤蟆汽車公司、複製會下金蛋的鵝，教你判斷何種是優質企業、企業獲利的潮起潮落和暴利企業的風險，幾乎每個章節都是如此，都有驚豔處，都會令你捧腹大笑！

　　這是一本意境精妙、立論正確的理財書，適合高中以上或初入理財寶山的新手閱讀。新手理財，一點都不可以掉以輕心！許多理財新手因為未建立好正確的理財觀，一畢業就拿錢下場試運氣，結果就賠上了一生！我一位台大學弟就是如此，從建中到台大，沒有人教他理財，但他想致富，所以畢業就借款去投資股票和期貨，在一次又一次的短進短出後，他背負了一百五十萬元的債務，這筆看似不大的債務使他到三十七歲都翻不了身，逼近中年時他沒有結婚、也沒有買房子，他還在租來的小房間裡繼續償還年輕時所闖下的債務，這樣的故事經常在我們身邊發生，他們就像赤裸的小嬰兒上戰場受宰割一樣。其實這種錯誤是可以避免的，學英文要先學ABC，學理財也要先學正確的理論，有紮實的步驟，就會有紮實的成果。我很喜歡書裡的一段話「如果你無法承受投資出錯，你就不可能嚐到投資的豐收果實。不管你多麼努力，未來就是無法完全掌握。不過如果你做了功課，而且在合理的價位出手投資優質企業，豐收的機會還是大於出錯，而且整體來説，一定會表現得不錯。」《吻青蛙的理財金鑰——童話森林的19堂投資入門課》就是這樣一本按部就班教你投資管道、評斷企業、計算風險、降低風險的好書，可以讓你全副武裝上戰場。如果你厭惡坊間胡吹亂扯的江湖書，又啃不下專業的理論書，那本書絕對是你入門的上選，現在就讓我們一起去理財魔法森林中享受學習吧！

時報資訊資深主編

莊雅珍

20080520

高蒂拉與三隻熊

介紹三種投資收益——利息、租金、利潤，以及由此衍生的投資報酬

以錢滾錢的方法只有三種：借錢給別人賺取利息、買賣股票，以及投資房地產。

跟森林裡其他動物相比，高蒂拉非常富有。遇見了那三隻熊之後幾年來，她這段遭遇成了電視特別節目的話題。有人將此寫成了書，書還賣了幾百萬本。改編成電影後，又帶來鉅額利益。她從沒想過自己能變得這麼有錢，她也不吝於跟棕熊一家分享。

她跟棕熊一家的邂逅，一開始並不那麼美好。還是小孩子的她覺得熊很可怕，而棕熊一家對她的侵入也很生氣。不過，時間一久，他們慢慢熟了起來，變成了好朋友。

棕熊一家很開心能與高蒂拉共享財富。雖然生活因此改變，也只好努力找到平衡點了。

「有這些錢很好。」熊爸爸塞席爾說，「但是生活變得比以前複雜多了。」

棕熊家沒有屬於自己的洞穴，他們負擔不起。跟森林中許多動物一樣，他們付房租給三隻小豬。

向來，他們賺的錢也從來沒有多到必須繳稅。森林裡有一套福利制度來幫助有需要的動物，也有防衛軍。國王麾下的馬匹與兵士負責保衛森林，抵禦外來的威脅，而他們的薪水，就是由那些有錢的森林居民所繳的稅來支付。

有些事，塞席爾實在不懂。他問高蒂拉：「為什麼國王要找狼來收稅？他難道不能選個比較友善、有同情心的動物嗎？」

高蒂拉說：「沒人想做這種工作。從某些角度看來，狼非常適合這個工作。他無情無義，殘忍冷酷，不在乎他人死活。國王非得靠這樣討厭的傢伙來收稅不可，否則大家都會拒絕繳稅。不繳稅的藉口總有一堆，而稍有些良心的人總會覺得某些藉口情有可原。這麼一來，根本無法推動現代經濟。」

高蒂拉面對自己生活的驟變，也感到有些無所適從。還是個小孩的時候，一切是那麼簡單。當然，在她身無分文的時候，事情也單純多了。

她告訴棕熊一家：「有了這些錢，也不算太糟，只要我們學會怎麼處理這些錢就好了。我需要你們一起幫我。」

熊媽媽貝莉兒沒有專心聽他們說話。她早就聽慣了塞席爾抱怨，常常聽過就算。然而，高蒂拉的話立即引起她的注意。

「親愛的，你知道，只要能幫的，我們一定幫忙。」貝莉兒非常喜歡高蒂拉，視她為家裡的一分子，待她跟親生女兒丹妮絲一樣好。

高蒂拉表示：「我想知道該怎麼處理這些錢，想跟你們討論一下。要是能知道你們打算怎麼處理你們那份，就太好了。」

塞席爾說：「唉，高蒂拉，這可是個大難題啊，我們也很困惑。我們向來跟其他熊沒兩樣，就靠努力過活，過一天是一天。

「現在，我們第一次有了些錢，還真不知道該怎麼辦。難就難在，我跟貝莉兒一向各有各的想法，對錢這檔事也一樣，只是多了一件事可吵。

「這筆錢有三分之一屬於丹妮絲，但沒有貝莉兒跟我的同意，她沒辦法動用。總之就是這樣，就像我喜歡吃熱騰騰的麥片粥，貝莉兒喜歡吃涼的，而要是我們問丹妮絲的意見，她只要求折衷。高蒂拉，你也知道，丹妮絲最懂得中庸之道了。」

高蒂拉和丹妮絲處得非常好，她們年紀相近，品味也相仿。

「可是你們有了這麼多錢啊。」高蒂拉又說，「你們花在哪裡呢？」

塞席爾回答：「我們買了一些必需品，裝了電話——也不是說要打給誰，只是覺得對你和丹妮絲應該很方便。」

他們考慮過買車，最後還是決定不買。在森林裡，車子還是個新玩意兒，也還很貴。要選哪一輛小車，是任君選擇，可是塞席爾和貝莉兒需要大車。他們既不會開車，也沒有想開到哪裡去。朋友或需要的東西，只要走路就找得到。

「我們甚至買了電視機，以免錯過跟我們有關的特別節目。」塞席爾補充。

高蒂拉建議：「我覺得你們需要接電。即使如此，你們還剩下很多錢啊。你們把錢放在哪裡？不會放在床下吧！塞席爾？」

　　「我知道我有些傻氣，可是我可不笨啊。」塞席爾嘆氣，「大家都知道森林裡最近來了陌生人。我們把錢交給烏龜保管了。他的殼很硬，至少能確保我們的錢是安全的。」

　　高蒂拉的做法相同。把錢放到硬殼裡，比留在家好得多。烏龜是森林裡的銀行家。他的安全硬殼跟他的年齡和智慧一樣有名，吸引了許多客戶。

　　塞席爾繼續說：「我知道烏龜沒把全部的錢都放在龜殼裡。他會借錢給其他動物，收取利息，然後留下部分給自己，再把剩下的利息分給我們。我們放在烏龜那裡的錢，有國王來擔保。目前看來，這對我而言夠好了。

　　「要是讓貝莉兒決定，她會永遠把錢留在龜殼裡。她啊，喜歡吃涼麥片粥，連床跟椅子都要挑軟的。但是，把所有的錢都留給烏龜，我會擔心。

　　「以前啊，一顆莓果就是一顆莓果，一粒堅果就是一粒堅果。在我們還自己採集的時候，這點從沒變過。但現在我們只在有需要的時候才去買。每一次你都要比上一次花更多錢才能買到相同的東西。我們賺的那一丁點利息，還等不到狼伸出魔掌搜刮，就買不到什麼了。」

　　塞席爾表示自己做了些功課，對貓頭鷹寫的投資文章特別感興趣。貓頭鷹是森林裡最知名的投資顧問，客戶中不乏上流人士。

　　貓頭鷹還因為和一隻貓談戀愛而惡名昭彰。跨物種的戀情罕見，鳥和貓出雙入對更是特例。貓頭鷹和貓咪的故事十分引人矚目。他們浪漫的旅行及隨之而來的婚禮，是森林中廣為人知的奇談。

　　「奇怪的組合，」塞席爾若有所思地說，「貓的生活費相當高啊。」

　　不久後，這段婚姻以淚水收場。貓頭鷹投資失誤，慘賠很多錢，離婚更是鬧得人盡皆知，令他顏面掃地。「沒了錢，貓也撇下他。」塞席爾說，「不過這件事的確發人深省：既然連貓頭鷹自己都投資失利，他說的話還能信嗎？」

　　即便如此，塞席爾對於讀過的文章依然印象深刻。「相較於烏龜付給我的利息，我似乎可以賺更多錢，甚至讓財富加倍或變三倍。」

「或是輸個精光。」貝莉兒插話。

「丹妮絲怎麼想呢？」高蒂拉問。

「你也了解丹妮絲。」塞席爾模仿丹妮絲的聲音，唯妙唯肖地說了起來。「我認為我們應該留一半在烏龜那邊，然後用另一半賺更多錢。」

「誰知道這麼做對不對？這是她出名的不太熱、不太冷，不太硬、不太軟原則。當然啦，你不能把重要決議留給顯然無法做出任何決定的人。」

塞席爾繼續解釋，除此之外，還有一些重要的基本原則。他們必須利用自己的本金賺到足夠的錢，如此一來，就能擁有想要的東西而不會把錢花光。貝莉兒點頭贊同。

貝莉兒說，如果可以盡可能保留和原來一樣多的錢，當他們入土，就能過繼給丹妮絲。

塞席爾覺得要是能做到，也很好。「我想留給她比我們現有的錢還更多，那麼她就不必像我們一樣辛苦。但我就是不認為把錢都留給烏龜，就能辦到。

「狼是殺手。」他補充。

只有這次，貝莉兒和塞席爾的看法完全相同。沒人喜歡狼，也是情有可原，他真是太惡劣了。而這次丹妮絲可用不上她的中庸之道了，因為她根本不需要選邊站。

一家三口都希望賺愈多錢愈好，只是方法上無法達成共識。放在烏龜那邊很安全，但是沒辦法賺大錢；而貝莉兒又覺得其他方法都不怎麼好。

❧　❧　❧

塞席爾說：「我是這麼想的：烏龜把我們的錢借給別人，那些人付他利息。烏龜保留部分利息，剩下的再付給我們。那麼我們何不找出烏龜把錢借給誰，然後我們自己借錢給他們？這樣我們連烏龜那份利息都賺得到。」

「要是他們不付利息給你呢？」貝莉兒問，「把錢放在烏龜那邊，至少還有國王做擔保。」

「貝莉兒，等我說完嘛。向烏龜借錢的人會怎麼運用那些錢呢？貓頭鷹說，他們拿錢去買其他動物會付費使用的房子，就像我們付小豬房租一樣。顯而易見，既然這些人向烏龜借錢去買房子，那麼比起要付給烏龜的利息，他們一定賺得更多。我們何不自己買房子、租出去，把所有的錢都留在自己口袋裡？」

貝莉兒不由得擔心起來。「塞席爾，要是出了問題怎麼辦？如果他們不繳租金或弄壞房子呢？如果屋況變得很差甚至沒人想住呢？那麼我們就會失去所有的錢。」

「貝莉兒，你可以不要『塞席爾』、『塞席爾』地打斷我，讓我說完嗎？貓頭鷹也說，有些動物向烏龜借錢，是拿錢去做生意賺取利潤。顯然他們必須賺的利潤一定比付給烏龜的利息更多。所以我們可以買下股份來投資，賺更多錢。」

「很抱歉打斷你，塞席爾，但你扯得太遠了。」貝莉兒火大了。「做生意有風險。你也聽過很多人賠本。看看你崇拜的貓頭鷹，這可是你自己跟我們說的。既然他錯過一次，他可能錯更多次，只是我們不知道罷了。

「在我看來，你太過注意一隻有認同問題的鳥說過什麼了。對不起，塞席爾，你的建議對我而言太燙手了。」

「貝莉兒，我大部分的建議對你而言都太燙手。」塞席爾反駁。

幸運的是，丹妮絲回到家，讓他們分心，平息了怒氣。丹妮絲很開心見到高蒂拉，高蒂拉解釋他們正在討論如何用錢。

「所以，結論是什麼？」丹妮絲問。她意識到這是父母意見分歧的諸多話題之一。她很高興高蒂拉在場，如此一來她就不用居中調停。

「我只是認真研究各種選擇。」塞席爾說。

他繼續解釋，基本目標是以錢滾錢。

而賺錢的方法只有三種。

一、借錢給其他人，讓他們支付利息。錢可以透過烏龜借出去，或自己

來。

二、買房地產收租金。也許會比放款賺更多。

三、買股份投資來賺取利潤，這也可能比放款賺更多。

「以上三種選擇，」塞席爾說，「沒有其他的了。」

「聽起來似乎都有些道理，」丹妮絲說，「不能每一種都做一點嗎？」

「唉，我就知道你會這麼說！」塞席爾嘆氣。

高蒂拉無視塞席爾的批評，從丹妮絲的建議中看到優點。她喜歡的似乎總是跟丹妮絲一樣。

「這是偷懶邏輯。」塞席爾說，「你決定每一樣都做一點，以免決定哪一樣是最好的。」

利息、租金、利潤！利息、租金、利潤！三種選擇在高蒂拉腦子裡打轉。肯定漏掉了什麼！

「投資可能會增值。」高蒂拉說，「就像堅果和莓果的例子。塞席爾，你自己也這樣說！難道我們不能投資那些會增值、同時又增加收益的標的？」

「高蒂拉，你抓到我說的重點了。」塞席爾說，「我們放在烏龜那兒的錢要能一直增值，就要讓錢不斷累積，也就是不能花掉收益。但資產和股票除了提供收益，而且必然增值——別問我為什麼。」

貝莉兒提醒他們，會增值的東西也可能貶值，有時候也許會輸個精光。這點讓高蒂拉和丹妮絲不寒而慄。

「儘管去問問你的英雄貓頭鷹！」貝莉兒咆哮。

高蒂拉正決定這麼做。

龜兔賽跑

投資人可以選擇直接投資，或交由專家操作。對許多人而言，共同基金是選擇之一。共同基金管理人也得考量本身的業務風險，而許多管理人選擇不要跟他人做出不同投資，以控制風險。

告訴你一個祕密：只買體質優良公司的股票。

為了拜訪貓頭鷹，高蒂拉走入「森林樞紐區」，這裡是森林的政治、文化、經濟之都。她經常造訪此地，也總是印象深刻。

這裡常舉辦各式各樣的活動，廣納來自森林各處的動物。有些動物來此只是純觀光，有些則是為洽商而來。戴爾的農家會來這兒參觀，或是送貨到樞紐區的大型購物中心。

住在樞紐區的多是城市居民，受雇於區內的公司行號。

路上所見的居民幾乎都是步行，但高蒂拉也看過幾輛汽車。車子在窄巷中艱難前行，與行人爭路。「吵鬧的臭東西，應該禁入市中心。」高蒂拉心想。

高蒂拉像個森林樞紐區居民一般，觀察建築物與街道，發現不管是設計或陳列都很美麗。老國王嚴格執行城市規劃，建築物都不得高過樹梢，而且必須以天然材質建造，融入周邊環境。

有些辦公室建在大樹幹裡，有些則以鄰近地區的石頭當建材。不論怎麼看，建物皆完美地融入森林，創造出賞心悅目的自然環境。

樞紐區最宏偉的建築物是皇宮。除了長年住在這裡的國王外，皇宮裡也住了保衛森林、抵禦外侮的戰馬與兵士。

老國王生性開朗，森林的居民個個都崇拜他。他不但是個慈悲的統治者，也非常有創意、熱愛音樂。他收集許多樂器，收藏品還包括一把精巧的小提琴。

巡迴國際表演的三位名小提琴家曾來到露天圓形劇場演出，國王共襄盛舉，帶著這把精巧的小提琴加入演奏，令全場觀眾為之瘋狂。

高蒂拉是個皇室物品愛好者，收集許多皇室紀念品。有的是自己買的，有的是從廢物堆撿來的。她有擦碗布、有柄的大杯子、杯墊、茶匙、因皇室重大事件而鑄造的紀念幣。有些收藏品十分稀有珍貴。她最寶貝的收藏品是慶祝雙胞胎王子誕生的，就在高蒂拉出生前不久。

雖然是雙胞胎，兩位王子並不完全相似。先出生的大王子，長相個性都

很平凡，只有身為王位繼承人這點算得上是唯一的特徵。

小王子則是個漂亮寶寶，甚至有了「萬人迷」這樣的稱號，全森林無人不知，連他原來的名字也忘了。長大後的小王子英挺俊美，是許多年輕女孩的夢中情人。

森林漸漸起了變化。老國王提出許多改革方案，居民雖然發現有很多困難之處，但也接受為了森林的繁榮，凡事需要改變。許多人同意徵稅是必要之惡，卻對野狼擔任稅務官這件事不敢苟同。神仙教母則奉派擔任社福管理人，她廣受愛戴，這項命令也因此廣受支持。賦稅收入多用於清寒福利救濟，幫助失業與謀生不易的居民。

神仙教母不光是派發福利救濟金，更積極輔導失業者回歸職場。為了達到這個目的，她施行許多「工作福利」計畫，甚至運用一些小魔法。

這其中包含一項「大眾運輸系統」。她把家鼠變成馬、野鼠變成車夫、蜥蜴則幫助乘客上下南瓜馬車。這項計畫提供了就業機會給家鼠、野鼠和蜥蜴。

可惜，魔法只能持續到午夜，喜歡夜生活的居民覺得大眾運輸還是不夠便利。神仙教母想利用另一個咒語來補強這個計畫的缺失，想不到卻造成可怕的結果。

高蒂拉不知道這個故事──事實上沒人聽過。

神仙教母為了幫助一個遭家人虐待的貧窮少女，便安排她參加皇室舞會。

年輕的灰姑娘仙度瑞拉過了一段美妙時光，吸引眾多注目，還與萬人迷王子共舞。這讓神仙教母有點擔心，因為小王子的風評不佳，是眾所皆知的花花公子。

神仙教母想延長魔法持續的時間，但是，把某種動物變成另一種的魔法，不但困難，還得謹慎拿捏。

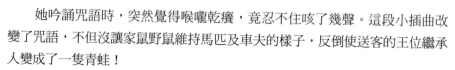

　　她吟誦咒語時，突然覺得喉嚨乾癢，竟忍不住咳了幾聲。這段小插曲改變了咒語，不但沒讓家鼠野鼠維持馬匹及車夫的樣子，反倒使送客的王位繼承人變成了一隻青蛙！

　　等神仙教母發現這岔子，已經太遲了，來不及將王子變回來，因為王子變成的青蛙早已雙腳一蹬，跳走了。

　　眾人將這一切歸咎於壞巫婆，神仙教母也樂見大家這麼想，因為說出真相只會損及她的名譽，更可能影響到她主事的福利機構。

　　壞巫婆也不介意，她早已受夠了森林居民對她的差別待遇。國王和森林裡的動物不了解她，甚至不尊重她。她決定給森林居民一點顏色瞧瞧。

　　壞事陸續發生。不管是不是壞巫婆做的，大家將每一樁壞事全怪到她頭上，她甚至也樂於接受這些「功勞」，好助長自己的威勢。

　　壞巫婆知道，只要引發森林居民對壞事的恐懼，她就贏了。國王甚至會不敢再辦舞會，以免壞事降臨在次子身上，並失去另一個王位繼承人。

　　幸好災禍沒有延續。差不多一年後，咒語反轉，王位繼承人牽著一位年輕美麗的公主回來，隨即舉行的皇室婚禮轟動一時。

　　高蒂拉這次造訪森林樞紐區的感覺不同了。她向來喜歡觀察城市居民，但現在她似乎變成了被觀察的對象。有些人看到她，會對她微笑，點頭示意，彷彿認識她一樣，但她很確定並不認識這些人。

　　有些人只敢偷偷望她一眼，又怯怯移開目光；有些人則會盯著她瞧，試著回想在哪裡見過她。

　　她想到了！

　　這些人一定看過電視播的特別節目。她現在是名人了！不過，她倒沒有那麼享受出名的滋味，她注重隱私，只想當個無名小卒。她希望時間一久，電視帶來的名人效應就會退燒，她的生活也能回歸原有的樣子。

　　高蒂拉和貓頭鷹約了下午見面，她決定趁早上有空先逛一下。她需要現

金，便找到附近的自動烏龜提款機前——這機器太棒了，你不必跑去烏龜那兒，就能領到錢。

機器上貼著海報，海報上的大照片裡，烏龜穿著運動鞋，雙手高舉擺出勝利手勢，笑得一臉燦爛，圍觀者輕拍他的殼，祝他好運。

海報上另一張小照片則是那場著名競賽的終點鏡頭：烏龜以沉重緩慢的步伐越過終點線，僅以些微之差贏了那隻快抓狂的野兔。

海報的標題是：穩健的步伐，即是安全安心的最佳保證。

野兔是森林裡的股票經紀人，把比賽當成行銷噱頭，想讓大家知道由他們經手的投資報酬，要比烏龜那一方還好。料不到此舉成了反宣傳，反而讓烏龜以這場勝利來吸引客戶。

高蒂拉領了錢，正要轉身離開，剛好看到一隻老野兔等著取款。老野兔盯著海報，面露厭惡，搖了搖頭。

「只不過是一場比賽！笨烏龜只不過贏了一場比賽，就想永遠當成賣點。」老野兔咕噥著。

高蒂拉笑了，想到：老野兔也許不喜歡烏龜，但他還是把錢存進了龜殼。機不可失，跟貓頭鷹碰面之前，她或許能先做點研究。

她又有些遲疑。老野兔看來有點拒人千里，或許她應該放棄，另外找與她年紀相仿的年輕野兔問問——偏偏沒有認識的，也只好硬著頭皮問問了。

「老野兔，恕我冒昧，能跟你請教一下嗎？」她先探個口風。

「我知道這樣很無禮，畢竟我們素昧平生。你應該很忙吧，或許你能給我個建議，告訴我該去問誰。畢竟你年紀大了，我不想讓你覺得累。」

老野兔咕噥著回應：「年輕人，不管問誰都一樣啦。至於你的問題嘛……」他終於注意到了高蒂拉。「在你眼中我可能是個老頭子，但我寧可說自己只是比較成熟。像我這種九月兔給的建議，永遠比三月兔有價值。」

野兔以月份象徵穩定性和成熟度。年輕的三月兔總是比較衝動。三月是野兔的交配季，他們在這時節最不安定。

「你也可以去問比較年輕的野兔。不過，我說啊，要得到真正有用的訊息，還是挑有智慧的來問才好。我恰好有些時間，要不要去喝杯茶？」

他們一邊聊著野兔的智力發展，一邊走向森林購物中心。

「森林購物中心裡有家『波麗茶屋』，那兒的茶不錯，」野兔提議。

高蒂拉知道這家店。事實上，熊穴附近也有家波麗茶屋，分店到處都有。一進森林購物中心，她就看見波麗茶屋的招牌標誌，那只茶壺太好認了，最近分店更是一家一家開。

波麗茶屋雖然是以賣茶起家，但是在這兒也喝得到其他飲料，更有蛋糕及三明治。每一家波麗茶屋分店幾乎都是同一個樣子。

他們選了裡邊比較隱密的桌子坐下，高蒂拉將自己的情況說給野兔聽。

「嘿！慢著，我在電視上看過你！你就是跟熊在一起的那個女孩。哇，真高興認識你！」野兔微笑，不可置信地搖搖頭。「我等不及要告訴那些兔崽子啦！

「難怪你會煩惱要怎麼處理那些錢啦。你問過其他人嗎？你只是剛巧在提款機那兒碰上我，這樣子挑顧問實在太危險了。」

高蒂拉告訴他，下午約了貓頭鷹見面。

「找貓頭鷹算是好的開始，」野兔點頭贊成。「要抓大方向，他是箇中好手，先找他談是不錯。不過，要談更細緻的問題，他就不行了，何況他自己還大賠過一次，幾乎崩潰啊。你要記住這一點。」

高蒂拉發問：「我注意到你非常討厭烏龜那張海報。我很納悶，既然你這麼不喜歡他，為什麼還把錢放進龜殼？」

野兔回答：「唉，我沒放很多錢進去啊。不過就是當作一個安全又方便的地方，拿來擺一些現金罷了。像你一樣，我們也需要錢買東西，但我不會在龜殼裡放太多錢。

「我們都把自己的錢拿去買股票，也幫其他人買。我們很愛從中獲利，就是愛。不光是買到股利，還可以讓我們投資的事業越來越有價值。把錢放在

烏龜那邊根本不算什麼投資。如果你想賺錢，買股票絕不會讓你失望。」

高蒂拉告訴九月兔，她的朋友貝莉兒很在意買股票的風險，擔心如果投資的事業倒了，就會賠錢。

「你不必只買一檔，當然也不必買一堆，」野兔建議。「讓我告訴你一個訣竅。」他環顧四周，確定沒人偷聽，然後前傾在高蒂拉耳邊低語。「你要挑體質健全的公司。你要是挑得夠精，賠錢的機率就很小。」

老野兔本來打算多說一點，但停住了。幾經思量，他又開口，說高蒂拉還有許多其他選擇。

「很多投資成功的人，對於這過程不是沒什麼概念，就是一無所知。他們不知道錢是怎麼賺到的，也不了解投資市場的運作。坦白說，他們其實也不想知道。你應該有電視機吧？你曾經因為希望畫質更好或想省點錢，而自己動手做電視機嗎？」

「自己做很難耶，」高蒂拉回答。「我沒有零件，也不知道從何開始。如果我有一本DIY手冊，手冊裡有設計圖、還告訴我去哪裡買零件，或許我可以自己做。不過自己做或許會比買現成的更貴。現成的要是壞了，還能送回去維修。這麼一想，我寧願去買一台現成的，也不想自己做。」

九月兔同意。「這世上有那麼多專家，就是因為要學的太多了。很多人精通投資之道，並以此維生。你要設計自己的投資組合，就像自己去做一台電視機一樣。了解其中的過程很有趣，但並非必要，你大可聘請專家代勞。」

他解釋有些專家團體代一般民眾投資。在森林裡有所謂的「共同基金」，其他地方可能稱為「管理基金」或「投資信託」。投資人不直接投資，而是把錢投入基金，而且通常不止一種基金。

基金也有不同類型：有些只投資一種標的物，例如房地產或股票；有些則針對不同型態的投資者，投資在不同種類的標的物。

「你朋友貝莉兒可以選擇保守型基金，這類基金的投資目標就是避免賠錢。比起主要目標就是盡可能賺錢的基金，她也許沒有辦法賺很多錢，不過反

正這也不是她的主要考量。

「即便是投資股票的基金也不盡相同，有些只以提供平均獲利值為目標而已。」

高蒂拉不太懂。「為什麼花了錢請人卻只求平均獲利值？我自己做也可以賺得平均獲利值，甚至還不必花錢找人呢？」

野兔解釋，股市的平均數稱為指數。「我說過，你不必投資在所有產業上，但也有人會這麼做。他們想廣泛投資，而不去比較產業之間的好壞。貓頭鷹講到股票時，一定會提到指數。」

高蒂拉提醒野兔，他也說過只要是投資體質健全的公司，獲利就會高過平均數或指數。但野兔告訴高蒂拉，她也可以利用與這目標相同的基金。「但是基金並不保證獲利一定比較好，」他提出告誡，「**一旦選擇投資特定產業，獲得的利潤就可能與平均值不同**，短期內的表現可能還比平均值糟，有些人就不喜歡這樣。」

野兔繼續解釋：基金經理人也知道這點，不會讓基金的表現與指數差異太大。要是長期表現得比指數還差，投資者會因失望而撤資，經理人的佣金也會減少。

「假如獲利指數原本就很低，投資人不也一樣失望？」高蒂拉越來越困惑了。

「沒錯，但是經理人就能宣稱這不是他們操作不當，可以說是大環境使然，何況玩股票總有風險。」

高蒂拉不由得懷疑，不同廠牌的電視機或許大同小異，但投資組合卻視內容的不同而結果迥異。比起買電視，投資的風險大多了。

九月兔向她保證，說這麼多並不是想勸阻她了解投資之道，只是告訴她有很多選擇。他很高興高蒂拉有意願了解，就算她最後選擇投資共同基金，讓經理人代為操作，這些知識對她也非常有用，可以幫她選擇最適當的基金。

「投資有很多管道，共同基金也有許多選擇。幸好絕大部分的共同基金

投資標的都很雷同，因為經理人不希望自己的報酬跟市場指數或同業差距太大，免得流失客戶。如果你選擇的是標新立異的共同基金，那麼這些知識就能幫你做出正確的選擇。」

野兔又提醒：「**你說你想了解所有投資的訣竅，但這實在是個大哉問。你越是自以為了解夠深，就越發現所知的不足。**這就像個迷宮，一個陷阱，你最終會迷失在細節裡。

「這就像剝洋蔥一樣。你剝掉表皮，露出第一層，但你知道下面還有一層。那些對投資真正感興趣的人一層層剝開，想直達核心，發掘最終的真相。但你知道剝掉最後一層時，會找到什麼嗎？」

「洋蔥沒有核。皮一層層剝掉，最後就什麼都不剩。」

野兔點頭。「如果你對投資感興趣，這段探尋之旅會很有趣，但普世通用的規則其實就在表層。表象就是大原則所在。許多人相信自己投資不需要判斷力或智慧，只要找到一條萬用法則就能無往不利，不過，這樣的人終將含淚認賠。

「我跟你說的都是真話，那些兔崽子可不一定會告訴你真話。壞事難免，挫折常有，你永遠不知道未來會變成什麼樣子。貓頭鷹會幫你了解可能面對什麼挫折。他無法告訴你如何避免，但能教你處理問題。

「如果你決定投入股市，那麼記得我說的：**選擇體質健全的產業，不要純粹跟著指數走，就有好結果。只選擇體質健全產業的股票，只要長期持有，就會減少損失的機率。**例如，你就可以選擇投資波麗茶屋。你知道可以買波麗茶屋的股票嗎？」

高蒂拉不知道。

「這是樁好生意，」野兔相當興奮。「波麗對自己該做什麼一清二楚。她打算把小茶店轉型成國際連鎖店，不過她需要更多資金。她沒人幫手，因此請我們野兔幫忙集資。

「現在，分店一家一家開，利潤不斷攀升。隨著利潤成長，這門生意越

來越有價值。她的茶壺成為全世界最多人認得的企業符號。波麗讓我和我的投資人都賺大錢，幸好我當初軋了一腳。光是把錢放在龜殼裡，不會賺到這種利潤，就連跟著指數投資也還不一定能賺到哩。

「貓頭鷹不會告訴你這些細節，因為他只對大原則有興趣。但是他要告訴你的可能十分有幫助。如果我有這個榮幸，或許你見過貓頭鷹之後，可以來我辦公室聊聊？如果你也想買股票，我們可以一起挑選。」

野兔起身告別。「雖然我們談得很盡興，但我真的必須回去了。到我這種年紀還當股票經紀人的已經不多了，通常還年輕就已油盡燈枯。最近我還負責管理年輕野兔，我得回辦公室看看，免得他們偷懶。」

他嘆了一口氣。「管理野兔真不是容易的差事。人家說，只有貓這種動物比野兔難馴養。你或許也可以從貓頭鷹那裡聽到這些情報，」他邊走邊開玩笑，「也說不定不會喔。」

野兔顯然覺得他最後的評論很好笑。

高蒂拉在購物中心內逛了一圈，這兒有一家大型BBC超市。打從不再親自採集食物，貝莉兒總是到這家超市買堅果及莓果，她也只知道可以來這兒買麥片粥。

購物中心裡還有家乳品專賣店，叫做「嗨呵喔乳品公司」，在這兒能買到特殊口味的乳酪與熟食。

除了美食街，這裡還有一堆服飾店，各種體型的人都可以在這兒買到衣服。購物中心聚集不少人潮，店家的生意似乎也都很好。高蒂拉不免開始思考可以買哪幾家的股票。

她經過一間辦公室，門上有「管理中心」字樣，門邊還貼著購物中心所有人的照片。照片裡的三隻小豬都穿著亮彩工作服。

標示上還寫著：小豬零售購物中心 —— 保證一級棒。

約定時間到了，高蒂拉動身尋找貓頭鷹的辦公室。這一上午收穫頗豐，

她期待能聽到更多。

　　等待的時候，她環顧貓頭鷹豪華的辦公室，心想提供理財諮詢這門生意，一定很好賺。

吻青蛙的風險

回顧往年股票與定息投資績效。介紹資產分配及課稅衝擊。

投資就像吻青蛙，青蛙可能變王子，但也可能
依然咯咯叫。你的投資可能賺大錢，但也可能
賠個精光。

高蒂拉見到貓頭鷹時，貓頭鷹第一個動作就是對她眨眨眼。高蒂拉一頭霧水。她聽過貓咪的事，這表示貓頭鷹偏愛與異族交往、覺得她有新鮮感？

她一定看起來受到驚嚇，因為貓頭鷹立刻解釋。「我做的這一行很難對付，一分鐘都休息不得，必須隨時掌握狀況。所以嘍，我只閉上一隻眼睛，可以倒立閱讀，也能一百八十度轉頭，看見我背後發生什麼事。瞧！」他往後轉頭，證明給高蒂拉看。

「在老國王的治理下，經濟繁榮成長。許多人變有錢了，需要專家的協助，而這就是我的工作。諮詢顧問這行競爭激烈，良莠不齊，一般人往往不了解箇中差異。」

他繼續解釋，優質理財諮詢得有充足的資訊及主事者的智慧為背景。

「資訊從來不缺，只差在懂不懂得怎麼應用。最重要的是，你必須了解自己的目標何在。」

他繼續解釋：「每個人的目標不盡相同，對新資訊的反應也不同。這就是整個體系運作的動力。

「如果每個人的投資目標相同，就會有兩種情況：要是沒人想賣掉手上的東西，那麼想買的人就沒得買；也可能人人都想賣出，卻找不到買家。投資這件事，得要有不同需求，市場才能運作。

「若你買進的時候，剛巧有人想賣出，那麼這椿交易對雙方都有益。**所謂投資，不是在場上贏過你的對手，而是在競賽中取勝。**

「**所以你必須清楚自己的目的，設定目標是最重要的一步。你必須先確定自己想要什麼、想在什麼時候達到目標，才能再運用簡單的法則，在投資市場中取得你追求的結果。**」

「你在這一行一定是行家吧，」高蒂拉說，「這麼豪華的辦公室，想必花了重金打造。」

貓頭鷹說：「辦公室不是我買的，三隻小豬才是屋主。我只是付房租，

而且我喜歡這種方式。說到投資，我這個例子正好：三隻小豬偏好買入資產，讓其他人付費使用，這些辦公室就是個例子。但是我不想把錢套牢在辦公大樓，至少不想全部，因此我樂於付租金。我跟三隻小豬各取所需，沒有人損失什麼，我們兩邊都是贏家！

「這麼一來，我有舒適的工作環境，卻又不會被房子綁住。如果屋況的維護不佳，或是我想改行，就可以拍拍屁股走人，很有彈性。」

高蒂拉得再仔細想想。塞席爾也想過買入資產來出租，收租金也是一種賺錢的方法。然而眼前這位光鮮亮麗的貓頭鷹雖然有本錢買入資產，卻寧願付租金而不願擁有資產。

「我大可以買間辦公室，」貓頭鷹似乎看穿她的心事，「但我不可能每次都有錢買！當年我創業的時候，得租個地方才能工作。而現在，買間辦公室卻只是做生意的成本。

「當然，我賺得會少一點，但我要繳給野狼的血汗錢也少一點。假如沒有野狼來收稅，我的想法也許不同吧──雖然這實在不太可能。」貓頭鷹似乎也不喜歡野狼。野狼恐怕沒有朋友吧。

貓頭鷹說，某些人為了不讓野狼拿走自己賺到的錢，反而花太多時間在這上頭，實在沒有效益。其實就算野狼想拿走你所有賺到的錢，也不可能這麼做。最要緊的是，先賺先贏。

「如果有種獲利方法可以讓野狼少拿點錢，那就是好方法。這種賺錢方法較有吸引力，因為你必須考慮稅後盈餘。不過，只要賺得夠多，就算野狼分掉一杯羹，你得到的利潤也還是勝過小賺的情況。

「所以，不只是野狼讓我不想擁有辦公室，也因為我只需要幾間辦公室，用不到整棟大樓。如果整棟都是我的，我還得擔心收租問題，還要讓房客開心。三隻小豬在這方面是能手，也很投入。但對我而言，這只會使我分心。專注於擅長的事情才會有收穫，對我而言，提供理財建議才是正途。」

高蒂拉來對地方了！她想尋求理財之道，深切期待貓頭鷹的建議。貓頭

鷹開始發問。

「你先談談為什麼來我這兒吧。你先前還跟誰談過，談了什麼？」

高蒂拉說出先前跟塞席爾一家的討論讓她決定來見貓頭鷹，並說出自己想了解的事情。

她也把遇到老野兔的事情告訴貓頭鷹，但略過野兔最後說的那句對貓咪的評論。

「你遇到野兔了！」貓頭鷹驚叫，「很棒啊！他是幾月兔？」

「九月兔。」高蒂拉很高興自己知道答案。

「九月兔！哇！真是太好了。太幸運了！這一行很難找到九月兔了。他是個很棒的顧問。」

高蒂拉告訴貓頭鷹，她在提款機前遇到野兔，而野兔對烏龜的宣傳海報十分厭惡。

「我能理解他的厭惡，」貓頭鷹說，「野兔跑得很快，照理來說絕對不會輸給烏龜。但事實上，烏龜打敗他們的次數，多於他們願意承認的次數。尤其是在短程競賽上！我是說，千萬不要相信野兔在短跑上的表現，太不可靠了。他們有一半的時間像瘋子般狂奔，另一半時間卻呼呼大睡。

「要是換成馬拉松，十有八九，野兔會是贏家。他們的速度驚人，即使睡了一大覺也能趕上烏龜。」

高蒂拉不覺得貓頭鷹說的只是龜兔賽跑。「貓頭鷹，請說清楚、講明白，你真正想說的到底是？」

「高蒂拉小姐，你很聰明，領會到我這個例子與理財有關，」貓頭鷹讚美道。

「賽跑的例子可以拿來討論兩種賺取利息方式的差異。一是借錢給烏龜或龜值單位，」他因自己的彆腳笑話而笑，「另一是投資產業以賺取利潤。這就是野兔在行的，幾乎算是他們的獨占事業。

「長期來看——假設十年好了。有九成機會，持股會讓你賺錢。這是個平均值，如果你把所有可投資的產業都投資一點。我保有近七十年的紀錄，可以精準地讓你知道雙方輸贏的結果。」

高蒂拉認為收集這些資訊是大工程，除了熱忱，還需要執著。

貓頭鷹將頭後轉了一百八十度，以鳥嘴熟練地翻動樓木後方櫃子裡一疊疊資料。他似乎完全清楚自己要什麼、放在哪裡。

他從紙堆中抽出一張曲線圖，是他自己手繪的。

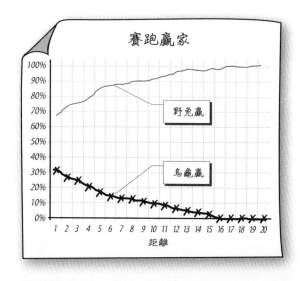

「你可以從圖表看到，持股的效益常常優於借錢給烏龜，表上也顯示了烏龜那方獲勝的次數。

「野兔大致上表現比較好，」貓頭鷹解釋，「但在早期，烏龜的紀錄真的非常好，何況他還背著那麼重的殼。舉例來說，你可以看到，以三年為期，烏龜贏的機率約百分之二十五。你還可以注意觀察烏龜與平均值之間的差距。」

很多時候，野兔的成績遙遙領先，你正期待會贏得比賽。但令人難以理解的是，股市表現竟然轉向，有時只是稍微偏了一點，有時竟逆轉回到起跑線。這種情況偶爾可能持續好幾年，令人相當洩氣。

在這期間，烏龜仍穩健維持一定的利息收入。在股市動盪、甚至讓你賠錢的時候，烏龜這種平穩的收益反而有點吸引力了。

他又轉向櫃子，繼續在那成堆的資料裡搜尋。「啊，在這裡。」他又拿出另一張曲線圖。

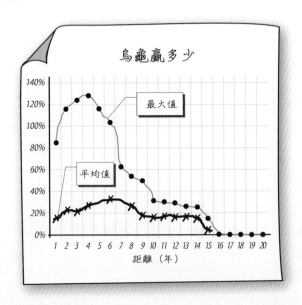

在第一張圖表上，你可以看到：以八年為期，烏龜的勝算約百分之十。參見第二張圖表，烏龜獲勝的時候，如果一直把錢放在他那裡，你得到的利潤比平均值還高上百分之二十。以十年為期，烏龜在這七十年來最佳的投資效益，要比野兔還高上百分之三十。

然而，到目前為止，十五年期以上的比賽，烏龜卻沒贏過。

　　真正的投資風險落在早期幾年。如果你的時間不夠長，也無法承擔損失的風險，那麼股票就是非常不利的抉擇。

　　以五年為限，如果你守著烏龜，約有四分之一的機會，你可能小有利潤或獲利頗豐。烏龜的最佳成績令人印象深刻。相較於野兔的投資客戶，烏龜的投資客戶曾得到高於兩倍的利潤。把所有的錢存在龜殼裡，短期內的利潤，也能高出平均值約百分之二十五。

　　高蒂拉全神貫注在貓頭鷹說的話上。她不想浪費九月兔的時間。貝莉兒說得對，投資股票的風險太大了。「既然如此，為什麼還有人想買股票？」

　　「因為股票的獲利通常比較多啊。要是你持股夠久，你得到的獲利更會多得讓你驚訝。」

　　他又從櫃子裡取出另一張圖。

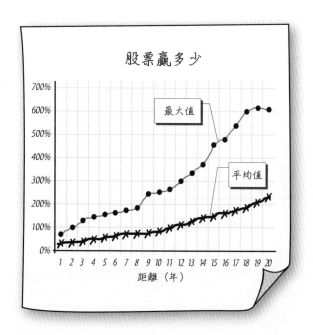

貓頭鷹興奮地指著圖表，告訴高蒂拉：持股超過十年期的收益，獲利的機會高達九成，賺到的利潤甚至比存在龜殼裡還高出兩倍。野兔在十年以上的長程競賽中，最佳成績高過烏龜三倍！

二十年以上的投資，股票絕對是贏家。比起把錢放在龜殼，平均會有三倍利潤。而這只是平均值，有時候利潤可能更高。

這下子高蒂拉又決定拜訪九月兔了。看來，塞席爾才是對的，把錢存在烏龜那兒，丹妮絲繼承的財產會少很多。

這時她又想起丹妮絲的建議。或許丹妮絲是對的，即使她不明白箇中道理。或許應該把一些錢放給烏龜那邊，先賺到短期利潤，另一部分則交給野兔。

那資產又如何？想不到三隻小豬在森林中竟擁有這麼多資產，他們一定收了很多租金。依丹妮絲的思考模式，她或許也想把部分金錢投注在這上面。「那三隻小豬呢？」

「當然，你也可以投資不動產，」貓頭鷹說，「我至今不提的唯一理由是，三隻小豬沒參加過賽跑，我沒有相關的圖表資料。」

貓頭鷹還想多聊聊資產的部分。

「我們不只是租用房地產，也要支付道路或橋梁的過路費，不過一般人想到的就是房地產。這類投資之所以難以統計，就在於每一種房地產都有點不同，而且都是長期持有，少有買賣。

「三隻小豬通常會選擇買下狀況不良的不動產，然後打掉重建，或是砸重金重新裝潢。

「光是看他們花多少錢買進、收多少租金、售價多少，並不足以了解他們的收益是不是勝過野兔或烏龜。

「但三隻小豬不是笨蛋，他們藉由投資不動產成了巨富。你當然也應該考慮投資不動產。」

高蒂拉覺得自己好像又回到了原點。

　　她想起塞席爾說過，你可以放款賺利息、買入資產賺租金，也可以買股票賺利潤。

　　貓頭鷹對比賽結果滔滔不絕，其中一個選手卻甚至沒參賽。她花了一堆時間、天曉得花了多少錢，來向貓頭鷹諮詢，卻仍然不知道是塞席爾、貝莉兒或丹妮絲說得對。她只想要一個答案。

　　「沒有答案！」貓頭鷹突然大聲說，「連問題都問錯了。

　　「他們每一個人說的也許都對，沒必要人人都玩同一種遊戲。你該怎麼處理自己的錢，取決於許多狀況。

　　「可能是財務需求的考量：他們想花多少錢、什麼時候想花錢。

　　「也要看自己的個性，對事情的觀感，害怕怎樣的風險。對許多人而言，投資就像頭可怕的怪獸，不過一旦他們明瞭自己在做什麼，就會沒那麼憂慮。

　　「把雞蛋全放在同一個籃子裡，不會是正確答案。你也說過，老野兔也把部分的錢存在烏龜那兒，其實每個人都這麼做。你選擇哪一項投資並不是重點，重點在於比例的分配。

　　「這就是每個想投資的人必須了解的原則。不管你是選擇跟野兔一起跑，或和三隻小豬一起打滾，都要有親吻青蛙的心理準備。」

　　「親吻青蛙？」高蒂拉抗議。這是她聽過最噁心的建議。她一直過著呵護備至的生活，除了孩提時代，又冷又怕地蜷縮在棕熊洞穴裡，就是那次！

　　「不是字面上的意義，高蒂拉小姐，不要看字面上的意義，」貓頭鷹讓她放心。「這只是投資界的一種說法，意思是『承擔風險』。畢竟親吻青蛙之前，你得要再三考慮。雖然說法不同，不過這就是你該懂的事。」

　　貓頭鷹答應她會再多說一點關於投資和風險的部分，安排了後續的會談內容：首先，她必須了解什麼叫做投資。貓頭鷹會告訴她該投資多少錢，並提出一些建言。

　　他建議明天再碰兩次面，一次早上、一次下午，因為他有一個非出席不

可的午餐之約。

　　貓頭鷹起身，暗示高蒂拉今天的面談結束了。高蒂拉覺得今天只聽到了皮毛，她渴望能了解更多。

　　也許她真的餓了，今天發生很多事呢！她不但遇到九月兔、到購物中心逛街探險，還跟貓頭鷹談了一下午，此刻她實在筋疲力盡了。

　　「離開的時候，你可以和我的祕書鳥預約明天的時間，」貓頭鷹說，「你回去再想想我們今天討論的內容吧。」

　　高蒂拉想把今天學到的都告訴棕熊一家。她實在太累了，走不動，便選擇搭上往棕熊家方向的巴士。巴士開往森林樞紐郊區的沿途，可見許多新建的大樓。看來似乎有越來越多人搬進城裡，畢竟城裡的工作機會比較多。

　　她利用在巴士上的空檔，再翻了翻今日面談的筆記，整理思緒。

　　貝莉兒特別煮了晚餐，讓她很開心。今晚沒有麥片粥，雖然她知道這是早餐的菜色。

　　誠如森林中許多動物一樣（當然不包括野狼），棕熊是素食者，但是貝莉兒善於應用從BBC超市買來的香料來調味。

　　高蒂拉有一堆話等不及要講，她告訴棕熊一家，和貓頭鷹見面的決定很正確。她說了遇見九月兔的事，九月兔也說去貓頭鷹那裡是走對了第一步。塞席爾很開心，這證明了閱讀貓頭鷹的文章並樂在其中的他，並不是個笨蛋。

　　「所以，我們三個，誰說對了？」他問高蒂拉，「你現在一定有答案了。」

　　「我不認為只憑一次面談就能學到所有知識。這些知識並不難理解，只是難以抓到頭緒。塞席爾，其實你們每個人都說對了一點點。」

　　塞席爾忍不住大喊：「我覺得你和丹妮絲混太久了，連說話也開始像她！」

　　「塞席爾，這樣說不公平，」高蒂拉抗議，「我花了很多心神耶。如果

我說你們都不對，你會比較開心嗎？真正的答案比這兩種都複雜多了。」

高蒂拉繼續解釋，他們必須思考的第一步、一件最重要的事，就是他們的理財目標是什麼？畢竟，貝莉兒或塞席爾的需求，跟年輕的丹妮絲不同。

貝莉兒和塞席爾需要生活基金。故事帶來的意外之財讓他們可以及早退休，這麼一來，房子就必須裝修，讓退休生活更舒適才行。他們或許想旅行，在森林裡甚至其他地區四處逛逛，這些都要花錢，就算不是現在，也得在近期內準備好。

高蒂拉和丹妮絲還年輕，至少還有一段時間才要動用到老本。從樞紐區居民的反應看來，高蒂拉應該是小有名氣，或許她能巡迴演說，過著還不錯的生活。這一來，她就需要雇一個經紀人了。

貝莉兒也說起她去樞紐區的時候，別人總盯著她瞧──不過他們都同意，或許只是因為她是隻熊吧。

高蒂拉告訴他們，只要時間夠久，投資股票或不動產，比起把錢留在龜殼，利潤一定更高。

「看吧！」塞席爾說，「我是對的，我就知道！」

「但是你可能必須等上好長一段時間。」高蒂拉警告，「或許比你想等的還要久喔，塞席爾。有時候存錢在烏龜那邊的利潤還比較好，而且還可能好幾年都是如此。」

「啊哈！」貝莉兒歡呼，「塞席爾你聽到了吧？高蒂拉證明我是對的。」

「你們兩個別吵啦！」高蒂拉打斷，「這跟誰對誰錯無關，而是我們必須做正確的選擇。一切取決於我們是不是踏出了正確的第一步。」

兩隻熊安靜下來。他們不習慣聽人說教，尤其是聽高蒂拉說教。高蒂拉一向是個安靜有禮的小女孩。也許她長大了。

「我們還談到野狼。」高蒂拉將話題拉回。

「只要我還有一口氣在，那隻臭野狼就別想染指我的錢！」塞席爾勃然

大怒，「高蒂拉，我可以告訴你，我還會活上好幾年哪！」

高蒂拉將貓頭鷹說的重述一遍。沒有人喜歡野狼——有什麼好喜歡的？但如果太專注於不要付錢給野狼，就會失掉大好機會。畢竟，避免付錢給野狼的最好方法，就是不要賺錢，可是這就毫無意義了。

丹妮絲始終靜靜聆聽，沒表示任何意見。無論她說什麼都會惹上麻煩，讓父母不開心，實在太為難了。

她的確覺得也許自己始終都是對的，畢竟她說過，或許應該每一項都投資一點點。但是她依舊沒開口，因為她也不想被高蒂拉吼。

青蛙王子

介紹投資風險，以及透過資產分配來管理部分風險。

處理金錢最大的挑戰是，在妳所能承受的風險之下，獲得最大利潤。

高蒂拉與貓頭鷹又見面了。這次他依然沒有立刻進入投資的主題，而是先聊起青蛙，還把青蛙王子的故事講了一遍。

高蒂拉熟知這個故事，畢竟她對皇室家族的一切很熱中啊。這位青蛙王子是雙胞胎中的哥哥，也是王位繼承人，他在某場皇家舞會結束後，便神祕失蹤了。

直到這個王位繼承人返回皇宮，真相才終於大白。

就在舞會結束那晚，將近午夜時分，馬車載著賓客紛紛離去的同時，王子開始覺得怪怪的。他覺得身上的衣服彷彿變大了，又覺得自己似乎變小了。他不清楚發生了什麼事，他想大喊求救，卻聽見自己口中只發出呱呱叫聲。

看見掉在地上的衣服，他這才發覺自己變得多小，擔心可能會被離場的賓客踩到。更奇怪的是，他還渴望著趕緊弄濕身體。

他在王宮池塘見到自己的倒影，激動萬分。他竟然變成了一隻青蛙！

「為什麼是我？」他不禁脫口自問，「我一向循規蹈矩啊。」

壞巫婆成了眾矢之的。壞事發生時，她永遠是大家責難的對象。這檔壞事看起來就像是為了復仇。這段日子以來，她在王宮不受歡迎，因為大家怪她將王儲的弟弟「萬人迷王子」引入歧途。

長大後的萬人迷王子成了受盡溺愛的壞蛋，高大英俊的外表無法改變被寵壞的事實。眾人溺愛他，社會大眾高度關切他的所作所為，對他深深著迷。相較之下，王位繼承人較不具吸引力；他並不醜，只是不那麼有趣。

萬人迷王子在十幾歲的時候，曾與壞巫婆交往。壞巫婆雖然邪惡，但堪稱絕色。有人常在森林裡看到他挽著壞巫婆。壞巫婆是個邪惡的女人，沒有什麼壞事做不出來。

幾經勸告，皇室人員終於說服萬人迷王子結束這段感情。他找到另一名美麗的年輕女子共享生命，這佳人與王子門當戶對。

壞巫婆氣炸了，她可不會就此罷休。壞巫婆氣急攻心，設局以毒針刺傷這位美麗公主的手指，令她昏睡不醒。

幸好萬人迷王子喚醒了公主。他有特別天賦，能讓沉睡的女孩甦醒。可惜他卻無法挽救這段感情。睡美人覺得只要與萬人迷王子交往，太容易碰上壞事了。

將王位繼承人變成青蛙這件事，看來就像是壞巫婆對皇室的復仇。此事令老國王暴怒，把壞巫婆永遠逐出森林。

❖　❖　❖

變成青蛙的王儲很無助。他四處尋求協助，卻總是受到忽視。他連變成一隻青蛙都不起眼。大家只知道某些青蛙含有劇毒，會讓人長疣。

他湊巧撿回了掉在池塘的球，而那位公主則成了他的新娘。起初，公主很不情願對他表露感情，但他堅持不懈，終於讓公主願意帶他回到房間，讓他睡在枕頭上。

「無論接吻後，青蛙會不會變回王子，都不是重點。」貓頭鷹說，**重點是，公主承擔了風險，得到報酬。**

「不過，青蛙可不一定都會變成王子。公主可能會長疣，甚至中毒！」貓頭鷹打了個寒戰，「公主不情願親吻青蛙也是人之常情。**對於風險這回事，我們總是避之唯恐不及，卻不可能毫無風險。因為生命就是一連串承擔風險的選擇。**

「以你自己的例子來說吧。你第一次在森林裡迷路，要承擔風險；接受記者訪談時，你也承擔風險，他們說不定把你形容成破門而入的賊。

「在提款機前決定與九月兔攀談，你承擔風險；選擇找我談，你也承擔了風險，外頭可是有很多不如我的投資顧問啊。高蒂拉小姐，你就是個風險承擔者。

「承擔風險之前，我們永遠不知道結果是什麼，如果知道，我們就不會冒險。假如結局是好的，那麼，我們會更有自信，也比較可能再一次冒險。

「高蒂拉小姐，很多時候，你就是必須親吻青蛙，著手投資更是沒有例外。」貓頭鷹沉思地說。

❖ ❖ ❖

貓頭鷹解釋：談到賺錢這回事，真正的挑戰就是在你承擔的風險中，得到最大利益。萬事萬物都存在風險，把錢留在龜殼裡也不例外。

「利率可能會下降。當然，你可以隨時把錢拿回來，但也許就賺不到想要的利潤了。物價可能上揚，你會碰上通貨膨脹。通貨膨脹似乎永遠在，只是有時多，有時少。」貓頭鷹告訴高蒂拉，她得讓自己的投資至少保持在實際價值之上。

「就堅果和莓果來說。」高蒂拉插話。

「沒錯，」貓頭鷹回答，「就堅果、莓果、租金、衣服等等來說。就生活所需的一切來說。

「你不必借錢給烏龜賺利息，但烏龜有國王當靠山，錢放他那裡是安全的。其他債務人可能沒辦法還你錢，即使你賣掉他們的家當也換不回多少錢，這就是另一種風險。

「股票可能貶值，公司可能倒閉，到時候你會血本無歸。

「資產只有在人們需要的時候才有價值。資產也可能貶值，有時候房客會造成資產的損害或無力付租金。你想到的任何事情都有風險，所以必須學習管理風險。

「管裡的策略有許多種。」

貓頭鷹說明了幾種主要策略：

一、在利息、租金、利潤等等不同投資方式間，找出正確的投資組合。

二、注意投資所帶來的利潤品質，只投資在有品質的利潤上。

三、買入投資的價格不要超出行情太多。

四、不要過度投入某一項投資。如果該投資發生問題，你會損失慘重。

「第四點的例子嘛，我們就拿戴爾這地方的農夫來說吧。他們從實際經

驗中學到，收雞蛋的時候，絕對不會只把雞蛋放在一個大籃子裡。」

　　他想了一會兒，又繼續說：「就我的經驗，農夫可說是最厲害的投資者。你從他們的行為就可以了解這一點。

　　「農夫不會只耕作一種作物，免得作物的市價偏低，日子就難過了。他們對天氣變化也很敏感，懂得未雨綢繆，減低壞天氣帶來的損失。

　　「農夫懂得未雨綢繆，正是因為知道壞季節無可避免；而他們不放棄耕作，也正是因為知道只要熬過壞季節，好季節就會來到，辛苦就會有所報償。

　　「城市居民因為生活規律，反而沒農夫那麼了解投資之道。高蒂拉小姐，如果你真想成功，就必須學會像農夫一樣思考。」

　　貓頭鷹回到龜兔賽跑的話題。「起初五年，烏龜贏的機率是四分之一，因此你的投資額必須妥善配置，千萬別拿接下來五年實際要用的錢冒險。」

　　「我也許可以從其他地方得到較高的報酬，但**有時候你必須犧牲得到較高報酬的可能，確保需要錢的時候有可用資金。**

　　「我不依賴接下來短短五年任何投資的收入，即使我可能會賺錢。我不依賴資本價值上揚，即使大部分時候會如此。我不依賴任何事物。絕不要為了短期獲利而冒險！對我而言，這是黃金定律，一向擺在第一位！

　　「貝莉兒的錢可以這麼用。」

　　「在天秤的另一端，」他繼續，「有一筆錢是我未來十五年內，即使碰上最糟狀況也不會動用的。這筆錢可以拿來跟野兔和小豬一起投資，烏龜那邊可就沒份了。這是黃金定律第二條！塞席爾的錢就可以這麼用。短期而言，這種方法或許太燙手，但長期運用正好。

　　「最棒的是，我這麼分配投資，可不必冒什麼險，因為根據我長期觀察，我確信烏龜在十五年期以上的比賽中不會獲勝。

　　「或許第二條規則不是這麼好，」他澄清，「有可能野兔或小豬那邊的投資太昂貴，所以我在買進之前會先等待一陣子。但不管如何，我還是傾向買進，時間點則是關鍵。」

❖　❖　❖

「那其他的錢呢？」高蒂拉問，「為貝莉兒和塞席爾投資後，剩下的錢呢？要依丹妮絲喜歡的方式去投資，介於兩者之間？」

「是的，」貓頭鷹回答，「但不完全依照丹妮絲的方法。不要放太多錢在龜殼裡，除非其他投資的價格過高。**你也可以持有不同種類的投資以降低風險，因為很少同時全部好或全部壞。**」

他再轉頭，在紙堆裡搜尋。「我真的該好好整理了，」他嘀咕，「喔！找到了。這個例子正好。」貓頭鷹說。

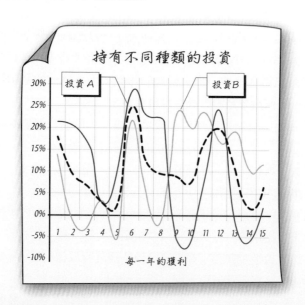

貓頭鷹說明，圖上有 A 與 B 兩種投資方式。在十五年間，兩種方式都會提供持有者平均約百分之十的獲利，但是時點不同。兩者的逐年獲利十分不同，獲利也時好時壞。

他畫上虛線，顯示兩種投資各一半，會是什麼情況。結果仍有百分之十

的平均獲利,只是年度獲利的變動較少。

「這就是丹妮絲的投資方式。」貓頭鷹說,「丹妮絲直覺認為,如果兩種管道都有風險,那麼中間路線的風險比較小。

「這只有在投資是處於合理的不同狀態時才行得通。儘管企業的獲利各有不同,但短期之內,整體產業的價值會同時偏向上揚或下跌。同理,不同資產的價值變動也有異曲同工之妙,也是同時上揚或下跌。

「長期投資的情況下,我不知道是小豬還是野兔的成績好,所以我也無法告訴你。沒人能下定論。雙方都有死忠支持者,會為所愛而爭論,但我覺得結果是大同小異。不過,也並非年年如此。事實上,許多證據顯示,小豬做得好的時候,野兔不見得做得好,反之亦然。並非總是這樣,但經常是。

「我給你看另一張圖。圖上顯示森林樞紐區的房價狀況。我記錄了二十五年。」

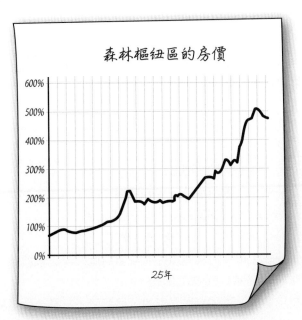

他解釋這張新的曲線圖。「這張圖的情況可以類推到人們想居住或人口成長的地方。房地產售價上漲的情況可能不太符合實際，因為這些房子賣掉之前，沒有改善屋況的紀錄。

「然而，價格變動的方式十分有趣，房價似乎偶爾會暴漲。漲幅之大，連三隻小豬都興奮不已。接著，房價會再次下跌，保持一段時間。

「房價暴漲會造成空屋增加，這麼一來，想買房子或租房子的人有了更多選擇，以致租金水準可能下跌，房價也是。因為價格較低，三隻小豬會暫停不蓋新房子，反正人口增加時，供過於求的狀況遲早會消失。

「當房客選擇變少又必須租房子時，房東就會開始提高租金。租金上漲會再次引發大興土木，整個循環又重複來過。」

他解釋這種狀況跟股價運作模式很不一樣。當股價走貶的時候，投資人反而覺得此時買入資產的獲利空間較大，不斷買進的結果，便使得資產價格上漲。當資產價格過高、不漲反跌的時候，他們對買入資產沒了興趣，卻看到買股票有好利潤，因此開始再次買進股票。

他提出結論：「**如果你不靠投資本錢過活，就不需要把錢放進龜殼裡避險。避險的方法之一，就是以合理的價格，擁有與他人不同的優質投資標的。**這就是訣竅。」

「但我怎麼知道某種投資是否優質？又怎麼知道買進價格會不會太高？」高蒂拉問。

貓頭鷹微笑；高蒂拉問對問題了。

「這就是我們下午要討論的。現在我要去吃午餐了。如果你想確認下一次見面時間，我的祕書鳥已經登記在她的電腦上了。」

高蒂拉覺得學到很多。她知道棕熊家會對她的筆記感興趣，因為筆記的內容證實了他們每一個的意見都是對的。

把錢存在烏龜那兒賺利息是必要的。貝莉兒一定樂於手邊隨時有五年的

資金可用。

買股票也是個好方法。不但利潤更多，而且只要持股夠久，幾乎不會有任何風險。高蒂拉認為貝莉兒也可能喜歡這樣的安排。

投資房地產似乎也是好主意，從中獲利的多寡，跟長期持有股票幾乎是不相上下。

她明白，**同時擁有資產與股票，比起只擁有其中一項，也許比較穩當。因為兩者的價格好壞大致上會落在不同時點。**終於有個理由說丹妮絲是對的，而不是單純解釋為她偏好走中間路線。

但是高蒂拉仍然不懂通貨膨脹。也許貓頭鷹可以解釋給她聽。她記下這個問題。

她等不及要將親吻青蛙的事告訴貝莉兒。她想像得到，貝莉兒一定會這麼回應：「要親塞席爾已經夠勉強了，你別指望我去親一隻黏答答的老青蛙！」

塞席爾聽了當然會暴怒，說換成他也一樣。他們就是愛鬥嘴，但是他們也彼此相愛。

高蒂拉會解釋，沒有人真的需要親吻青蛙，這個說法只代表了要承擔風險。她從貓頭鷹身上學到的最棒的一件事，就是你可以採取某些措施去減少需要親吻的青蛙數量，甚至能完全避免親到有毒的青蛙。

她正好可以利用這午餐的空檔整理思緒和筆記。

她到購物中心去，在波麗茶屋點了午餐。她想得很入神，快速寫下筆記，甚至無心品嚐餐點。

最棒的是，她覺得這一切很有趣，等不及要再跟貓頭鷹聊聊。

白雪公主與七矮人

以簡單的股利折現為例，詳述投資價值的收益理論

利潤包括收益本身、未來賣出的價值，以及收益未來還會增值多少。

「嗯……你最近買過蘋果嗎？」貓頭鷹問。

「買啊，最近才敢買的。」高蒂拉回答，「現在似乎安全了。」她指的是幾年前的「大蘋果恐怖事件」。

當年，有毒蘋果流入市面，造成恐慌，卻從來沒有合理的解釋。也許是蘋果種植技術改變或施肥不當，甚至可能是犯罪活動，有人在蘋果裡下毒，藉此勒索果樹園公司。

每個人都懷疑是壞巫婆的詭計。壞事發生時，她總是第一號嫌疑犯！

無論問題的根源是什麼，果樹園公司付出了昂貴代價。他們必須回收所有蘋果，在每一處果園加裝保全裝置。事發後這幾年，許多人對於果樹園蘋果的安全問題仍有疑慮。高蒂拉雖然不知道事件的來龍去脈，但她在報紙上讀過相關報導。

「表面上看來只是一顆蘋果，」貓頭鷹說，「對吃下去的那個女孩卻有嚴重的影響。那個漂亮的小女孩受雇於鄰近舊礦坑的供膳寄宿旅舍，在那兒當管家。

「不過呢，她沒死，而是沉睡了好幾個月，直到王子愛上她，魔咒才能破解。這個王子不是變成青蛙那位，而是人稱『萬人迷』那個。」

他說「萬人迷」的時候，彷彿想起了什麼不愉快的事。對於熟知內情的人來說，「萬人迷」這個名詞只用來挖苦，因為這個王子老是做些不太好的事情。

「然而真相還是被壓下來了，」貓頭鷹補充，「王室一貫的手法！」

報上的故事是王子以親吻救醒了那個女孩，而「萬人迷」這個字眼從未以引號特別登在報導上。

「王子是親了她沒錯，」貓頭鷹閉上一眼說，「可是救醒她的並非那個吻！他只不過使出喚醒睡美人的老招罷了。王室也極力想把這件醜聞消音。」

高蒂拉對此消息感到震驚，決定回家後要把所有印著萬人迷王子的擦碗布全丟到收藏品最下面。

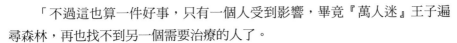

「不過這也算一件好事，只有一個人受到影響，畢竟『萬人迷』王子遍尋森林，再也找不到另一個需要治療的人了。

「如果你問我，」他繼續，「我會說壞巫婆挑錯施咒的對象了。那位親吻青蛙的美麗小姐得到比預期更好的結果！」

他回到最初的問題。

「所以你最近買了蘋果？」

「是啊！」高蒂拉回答，「但是我不知道這跟其他事情有什麼關係。」

「你等一下就知道了。」貓頭鷹表示。

「買蘋果時，」他繼續，「我想你應該發覺價格漲了一倍。」

「嗯，很明顯啊！」高蒂拉有點喪氣，「我希望這段面談，你不會索價太高。」

「那麼我們再深入些。」貓頭鷹未受阻礙繼續，「你不要一次只買一顆蘋果，而是改成跟賣家簽約，在一年的時間內，你每一星期都買一顆蘋果。若是這樣，你認為你應該付出五十二顆蘋果的錢嗎？從你的表情看來，我知道你也許不願意——但是為什麼不呢？」

高蒂拉也不清楚，她得先想一想。付五十二顆蘋果的錢，每星期只拿到一顆，似乎不是很划算，因為她必須先付清五十二顆蘋果的錢，而不是在每次拿到一顆蘋果的時候只付一顆的錢。預先付清總該有點折扣吧。

如果一次只付一顆蘋果的錢，她就可以把其他的錢存在龜殼，有需要的時候才領出來，也能賺點利息。她可以拿賺來的利息支付下一次買蘋果的錢。要她簽下預付五十二顆蘋果的約，這交易就得比讓她把錢放在龜殼裡還要有吸引力才行。

假如蘋果供貨出問題，有好幾個星期拿不到蘋果呢？如果又來一次蘋果恐慌事件，她不想再吃蘋果呢？誰知道蘋果價格會產生什麼變化？若是必須從其他地方運過來，價格的確較高，但若是在產季，就可由當地直接供應，價格

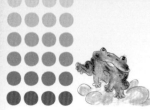

也便宜了，更別說碰上盛產的時候了。

她將這些考量說給貓頭鷹聽。

「這就是未來的問題，」貓頭鷹插話，「你不知道會發生什麼事。就算是要買未來才需要的蘋果，似乎也存在風險。

「但我認為我們都同意，**預購的時候，你希望付較少金額**。越可能出錯、對於未來越無法確定，你願意付出的錢就越少。」

這聽起來似乎相當有道理，高蒂拉記下來，下次有機會預購蘋果的話，說不定用得到。

貓頭鷹繼續：「如果想找出正確價格，你可以從『難題怪咖搜尋公司』的精算師及會計師那兒得到精確答案。他們的辦公室就在樓下。你也許認為我太過注重細節，說話又乏味，但跟他們比起來，我還算風趣哩。

「他們會幫你計算，要是每週買一顆蘋果並把其餘的錢存在龜殼裡，你會有多少利潤。然後他們會考慮預購的任一項風險，幫你算出正確的預購價——因為未來的變數多，這個數字不會是百分百準確，卻一定是最佳預測。他們提供的數字相當精準，計算到小數第五位，而我們一般人只用到小數第二位。

「先不論一星期一顆蘋果的價格，你願意花一倍的錢去買一週兩顆蘋果，或者八倍的錢去買一天一顆、外加星期天額外一顆嗎？」高蒂拉毫不猶豫地同意，這很正常。

「那麼我問你另一個問題，」貓頭鷹繼續，「我有個新提案：不是一整年之內每週提供一顆蘋果，而是永遠每週提供一顆蘋果。你覺得這個提案值多少？」

「嗯！當然比為期一年的協議還有價值，」高蒂拉回答，「但我不知道值多少。我猜『難題怪咖搜尋公司』也可以幫我算出一個數字。」

「他們當然可以！你也說得對，這份合約會比較有價值，甚至可能比為期一年的高出許多。

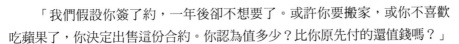

「我們假設你簽了約，一年後卻不想要了。或許你要搬家，或你不喜歡吃蘋果了，你決定出售這份合約。你認為值多少？比你原先付的還值錢嗎？」

「對想吃蘋果的人當然如此，」高蒂拉回答，「如果蘋果的價格上漲，我還會期待拿回比原先付出的更多。畢竟物價似乎隨時在漲。」

「嗯！並非始終如此，」貓頭鷹警告，「但你說得對，很多時候都漲，雖然漲幅不一定很大。如果因為某種原因，蘋果價格下跌了，我確信你也同意可能拿回較少的錢。」

高蒂拉同意。

「這是我最後的提案，」他繼續，「真的很划算。」

「這次不是一輩子在每一週只收到一顆蘋果。這次，第一年，你每週收到一顆，第二年收到兩顆，接下來兩年，每星期收到的蘋果都加倍。也就是說，今年一顆，明年兩顆，然後四顆，然後八顆。

「到了第四年，你會收到很多蘋果，可以每天吃一顆，還有我們之前談到的，星期天還可外加一顆，而且永永遠遠。這麼一來，你看病的支出少了，甚至從此以後過著幸福快樂的日子。而且至少至少，你能一直維持身材勻稱。這筆絕佳交易，你認為值多少？」

高蒂拉還是無法立即說出一個數字，這份協議太複雜了。如果不管之前擔心的供貨不穩、或她可能不再那麼喜歡吃蘋果，那麼每天有蘋果吃，週日還額外附送一顆，的確很有吸引力。她確信，逐年增加蘋果量的合約，比固定蘋果量的合約來得有價值。

合約的第一年，每週只供應一顆蘋果，這就有個價格；第四年變成每週供應八顆，這交易的價格會比只供應一顆的多出八倍，而且是根據時價。

高蒂拉猜想，簽約價應該介於每週一顆與每週八顆之間。

「高蒂拉小姐，你越來越抓得到訣竅了。」貓頭鷹讚美她。「我們先不麻煩『難題怪咖搜尋公司』。我們假設合約一開始，你要先付每週六顆蘋果的錢，即使只拿到一顆。而後，由於供貨增加，你可能要付更多錢。

「合約價值會逐年增加,直到第四年,合約的價格會等於每週拿八顆蘋果的價錢,大約比你一開始付的還要多出三分之一。」

高蒂拉真想立刻簽約。

沒錯,起初她得付每週六顆蘋果的錢,就算只收到一顆。但到了第四年,她可以一輩子每週都有八顆蘋果。到時候她如果賣掉合約,還能發個健康財。這是相當吸引人的協議。

「恭喜你,高蒂拉小姐,」貓頭鷹說,「你幾乎明白『投資價值』這回事了。」

「但你還沒告訴我關於投資價值的事啊!」高蒂拉抗議。

「我沒說你全部都懂,只是幾乎。」貓頭鷹說。

❖ ❖ ❖

「我們至今所談的都和處置金錢有關。**所謂投資,你買進的就是收益,不管你是現在買,還是未來才買**。這個規則也適用於買蘋果。

「投資所得收益就像蘋果的長期供應量。這筆交易在此刻有一個價值,如果你未來選擇出售,那麼在出售時也會有一個價值。誠如買蘋果的合約一樣,屆時你想賣出的價格便取決於當時的收益價格。

「**等待收益的時間越久,價值越少**。『難題怪咖搜尋公司』可以精準算出減少的數字。

「你可以立即從烏龜那裡賺到收益,不用等。」貓頭鷹說,「但是房地產租金或賺取股利,就等於買進未來財,可能有變數,甚至一切成泡影。**預購時,應該永遠期待會有較高利潤,包括收益**。

「如果收益可能增加,那麼現在的收益就更有價值。增加的速度越快,就越有價值。

「跟買蘋果一樣,如果收益水準增加,未來你將有額外利益,投資的價值也會增加。

「擁有收益的好處是收益本身,以及將來賣出時獲利多少。到那個時

候，其價值是根據收益水準，以及收益是否仍可能增加、增加多少，並同時取決於賣出當時的收益價格。

「跟蘋果一樣，收益也有個購買價！」他重複，「而這個價格也可能改變。」

貓頭鷹似乎對自己所說的感到十分滿意，在座位上得意笑著，還發出詭異的呼嚕聲──顯然是從先前同居生活中養成的習慣。

❖ ❖ ❖

他繼續談起自己發表過的文章內容。這些文章廣受好評，連塞席爾也讀過。

「只有三種收益，你不必努力取得。

一、你可以放款賺利息。
二、你可以擁有其他人想使用的物業，以此收租──例如房地產。
三、買股票所賺取的利潤。

「一切只看收益的有無。**沒有收益的投資，無論現在或未來，就是毫無價值。」**

高蒂拉對貓頭鷹說的這最後一句感到不悅，認為他太過自大與固執。「那我的皇室紀念收藏品又怎麼說？」她抗議，將自己的收藏告訴他。「我收集了好多年，不但到地方市集收購，還會注意遺產的拍賣。我有些收藏品還很稀有呢。雖然我沒有因此賺得收益，但它們的確有價值！」

貓頭鷹承認她是對的。

「人們喜歡稀有的東西，包括藝術品、郵票或古董，甚至是好酒。平凡的東西完全不會增值，還可能貶值。特殊物件增值的幅度，通常是跟著平均收益跑的，當收益上升，這些收藏品的價值也會上漲。收藏家喜愛十分稀有的物件，而稀有物件的價值與有錢人的財富增加成正比。

「這些物品之所以能增值，是因為數量稀少，有門道的人懂得藉此發大財。」但他警告，這不是一般人累積財富的方法。

「一般人缺乏相關的技巧、知識或耐心，沒辦法藉此賺錢。」

「你可以賣掉部分收藏品，靠這筆錢過活。」貓頭鷹建議。

「什麼？賣掉？想都別想！」高蒂拉抗議，「這就不叫收藏了，我喜歡全部留著！」

「這就是收藏家的另一個問題，」貓頭鷹說，「**他們通常不想賣。收藏是他們的興趣，而非生意。**

「你也許知道我結過婚。」他坐回棲木上分享心事。

「我想我在哪兒聽過。」高蒂拉猜想應該大家都聽過貓頭鷹和貓咪的往事吧？

「嗯！我不會再步入婚姻了。我的前妻愛好收集珠寶，她會仔細記錄收藏品，經常跟我討論有多值錢。我們的關係一向很好，直到碰上我需要錢的時候。當時我建議賣掉一些珠寶套現。回想起來，這就是我婚姻惡化的開始吧。

「她不再擁有我，但的確擁有那些珠寶。」貓頭鷹評論，「**如果你不打算出售收藏品，你就不會知道這些東西也能賺上一筆錢，但是幾乎人人都能藉由投資賺錢。**你只需要有些耐心、專注在獲取收益，假以時日就能有不錯的成果。這就是關鍵。

「收益，是語言中最榮耀的字眼。收益、收益、收益——我就是聽不膩。」貓頭鷹幾乎流下口水。

這是唯一一次，高蒂拉看見他閉上雙眼。他轉頭嘆息，抖動羽毛，彷彿陷入狂喜。

高蒂拉心想，貓頭鷹真該為自己找個不一樣的人生才是！

「我知道自己有時候是太過激動了，」貓頭鷹承認，「我只是很驚訝，這麼簡單的道理，一堆投資人居然都不懂。如果他們懂，該有多好！

「但如同我先前說的，每個人想法不同才是好事。**對於想追求收益的人**

而言，各人玩各人的把戲才有賺錢的好機會。賺到的錢，我們大可不客氣地一把抓盡，只要我們清楚自己手裡玩的是什麼、而且目的就是賺得收益。

「賺取收益的形式，就只有利息、租金、利潤這三種。我們排除了你去工作的情況，因為我們談的是投資。

「你先買入收益，然後出售。如果你買入的價格太高，那麼賣掉的時候也許會賠錢，壞事一樁。若你專注於收益的品質，又沒有花太多錢取得，那麼賣出時就有機會賺到不少，這是快樂的結局。」

「收益的品質是什麼意思？」高蒂拉很困惑，「所有的收益不都一樣嗎？」

「取決於你買入的時點。」貓頭鷹回答，「也就是對於未來收益的保證有多好。壞事可能發生，你可能得不到預期收益。收益的品質就是你期望值的可信賴程度。

「烏龜很可靠，他說會付你利息，他也做到了。但除非他向你保證某段期間內保證支付一個固定利率，否則利息多寡可能改變。你也許拿到更多或更少。

「有時候，國王會插手決定烏龜的放款利率，而這也就影響了烏龜願意付給你的存款利率。只要皇家顧問『蛋頭鄧普提』覺得通貨膨脹得太厲害，國王就會出面干涉，希望藉由提高放款利率，讓經濟事物運作慢一點、控制通貨膨脹。如果他認為經濟成長緩慢，就會調降放款利率，鼓勵借貸投資。這個方法也許有用，也許沒用，誰知道。

「利率多寡對你很重要，因為這個數字決定了你能獲得多少收益。把錢放在烏龜那邊的好處就是，即使收益水準下跌，你遲早能拿回全部的錢，但投資股票或房地產就不一定了。」

他繼續解釋，投資股票或房地產時，你唯一能取回本錢的方法，就是把投資轉賣給別人。而別人願意付出的買價，由當時該項投資所衍生的收益多寡、以及預期收益漲跌的幅度來決定。

　　「租金收益的多寡是可預測的。三隻小豬通常會與房客簽約,確定租金會隨通貨膨脹而上漲。就算沒有這種協議,他們也會想盡辦法調高租金。然而,要是市面上有很多空屋,他們就必須調降租金,免得房客搬去更便宜的地方。

　　「大體而言,房地產的收益十分可靠,三隻小豬唯一的風險,就是收益價格少於他們的預期。要是有這種狀況,他們通常會按兵不動。比起野兔,他們還有這一點餘裕。

　　「股票買賣則是天天都有交易。野兔喜歡這樣,為他人買賣股票是他們的主要收入來源。對於買賣股票,他們總是有好點子。

　　「價錢嘛,時好時壞。許多人責怪野兔,都是他們太偏激,要不是過於興奮,就是太過消沉,導致股價也是漲跌頻繁。以每日交易而言,這可能是原因,但股價波動的因素通常不是野兔能控制的。」

　　貓頭鷹放鬆。「高蒂拉小姐,你今天學到的,可是把一輩子才學得會的事情濃縮成幾條黃金定律呢。總的來說,今天可學到不少吧?」

　　高蒂拉想了想,不得不同意。她做了不少筆記,得先消化一番,再說給棕熊一家聽。

　　貓頭鷹把一切說得很簡單。當然,「收益的祕密」絕不是什麼天大祕密,否則貓頭鷹就不會說出來,甚至以此主題定期發表文章。這個訣竅或許很多人聽過,但並未認真思考。

　　高蒂拉轉述給棕熊一家聽的時候,竟訝異於他們覺得不難懂。貝莉兒更是毫無理解的障礙。

　　「我說過啦,貓頭鷹對自己那一行的確了解夠深。我們想要的也不過就是不錯的固定收益啊。」貝莉兒說。

　　「我要的是收益成長!」塞席爾咆哮。

　　「兩者都來一點怎麼樣?」丹妮絲說。大家都笑了。

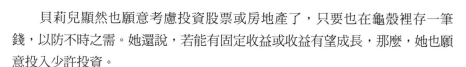

　　貝莉兒顯然也願意考慮投資股票或房地產了，只要也在龜殼裡存一筆錢，以防不時之需。她還說，若能有固定收益或收益有望成長，那麼，她也願意投入少許投資。

　　塞席爾和丹妮絲無言，高蒂拉並不驚訝。

　　只有極勇敢或極蠢的人不害怕未知的一切。貝莉兒不特別勇敢，當然也不笨。雖然她說嫁給塞席爾這麼多年，別人可能認為她既笨又勇敢。

　　高蒂拉對於自己態度的轉變也不驚訝。**越了解投資，越不需要害怕**。如果他們因為懶得學習，而依照直覺投資，後果說不定很可怕。

　　她試圖回想貓頭鷹昨天說過的、關於了解自己想從投資獲得什麼。她翻閱筆記，找到了。

　　貓頭鷹說，必須先決定自己想從投資獲得什麼，以及何時獲得。他還說：「也要看自己的個性，對事情的觀感，害怕怎樣的風險。對許多人而言，投資就像頭可怕的怪獸，不過一旦他們明瞭自己在做什麼，就會沒那麼憂慮。」

　　他說得真對，貝莉兒就是活生生的例子。

　　若是根據貝莉兒無知的見解來決定她該做什麼，就錯了。她需要了解事實、看到可能性，知道有方法能同時解決她的憂慮及需求，那麼她就會做出適當的決定。畢竟她不笨——雖然她嫁給塞席爾很久了。

　　高蒂拉說起貓頭鷹對她那些皇室紀念收藏品的評價，貝莉兒立即安慰她，滔滔不絕說高蒂拉的收藏品是多麼漂亮、自己多麼希望能擁有這樣的收藏品。高蒂拉懷疑貝莉兒只是好心安慰罷了。

國王的新衣

以均數復歸係數做為預測工具。相較於把錢存在銀行，投資人會要求百分之五的股票風險溢酬，以補償持有股票或房地產的內含風險。

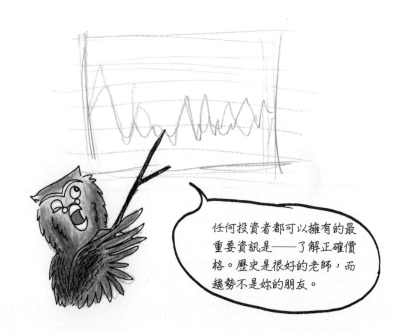

任何投資者都可以擁有的最重要資訊是——了解正確價格。歷史是很好的老師，而趨勢不是妳的朋友。

「高蒂拉小姐，今天要談的內容很重要喔！」貓頭鷹開門見山就說，「你已經了解，投資其實就是『賺取收益』，而這份收益，是可能永遠持續收到的。收益的多寡也許是一個固定總額，或是一個未來的預估值，而這預估值可能會增加或減少。

「我們還沒討論到該付出的代價。每一種收益都有其價格，利息收益有，租金收益有，利潤收益也有。這些價格之所以不同，不是因為你現在認為可以賺取多少收益，而是未來可能會發生什麼情況。當你把投資轉賣給別人，未來發生的事便決定了轉賣的價格。」

他舉了一個例子：假設有一項投資，提供每年七百單位的收益，而目前這項投資的價格，是七千單位。換句話說，投資的正確價格是收益水準的十倍。如果收益水準保持在七百單位，那麼屆時她以正確價格轉賣投資時，會拿回七千單位；若收益水準漲一倍，她就能拿到一萬四千單位；收益水準減半的話，就只能拿到三千五百單位。

「在這個例子中，正確價格設定在收益的十倍，但這只是舉例。今天我要告訴你利息、租金、利潤這三種收益的正確價格。有時候，你能以低於正確價格的成本買進收益，這是好事，因為當你以正確價格轉賣出去的時後，你還能賺到額外獲利。

「有時候，你買入租金或利潤收益的成本，也可能**高於**正確價格。這時候，如果房地產或股票不是太貴、即使屆時轉賣的價格終究會回到正確價格，你仍然可以買進。

「知道正確價格有助於做出決定。如果目前的價格高出正確價格許多，不要買進是明智的做法。應該等到投資以正確價格賣出，而且最好低於正確價格。」

他繼續解釋。「如果別人很想買你手上的投資標的，出的價比正確價格高出許多，那麼，出售就是明智的做法。

「以正確價格投資的風險很小，但也不能完全避開非常糟的情況。正確價格的假設，是根據壞事發生的標準量。換句話說，設定正確價格會把正常風

險納入考量。

「當收益的買入價低於正確價格時，風險其實非常小。等會兒你就能看到我要告訴你的那種力量。**投資者所能擁有的最重要資訊是，了解正確價格！**」

「其他人難道不知道嗎？」高蒂拉問，「如果我是唯一清楚正確價格的人，那麼我肯定能獲得驚人的利潤。但是其他長期投資者想必也知道正確價格吧？」

貓頭鷹解釋：「總有些人對長期投資沒興趣，他們注重的是短期價格波動。這種人不該稱為『投資者』，因為他們操作的完全是另一種商品。

「他們操作的成果時好時壞。操作失利，他們就歸咎於風險；一旦獲利，則聲稱全是自己的功勞。

「如果愛好收益的長期投資者知道正確價格，短期玩家反而提供了獲利的機會。而很多長期投資者的確是清楚正確價格的，因此市場上的收益價格，通常也相當接近正確價格。」

高蒂拉猜想貓頭鷹應該是從某處獲得資訊。「『難題怪咖搜尋公司』應該能告訴我們正確價格吧？他們會考慮收益水準，比較不同類型的投資風險，給我們精確的預測，不是嗎？」

貓頭鷹同意，但也提到我們可從往年紀錄裡學到很多，而往年的紀錄是對大眾公開的。先前給高蒂拉看過的圖表，其實就是歷史給我們的教訓。舊紀錄真的能告訴我們正確價格為何。

「有些投資者不懂得去看往年紀錄，或是在關鍵時刻忘了去查看。也許他們花太多心思注意剛發生的事，相信歷史不會重演。

「主要的危險在於：認定剛發生的事是未來的徵兆，也不管別人是不是這麼想！

「我們有個壞習慣，就是不加查證，便相信別人說的話。因為如果我們不信，就會被說成是笨蛋。身為皇室觀察者，你當然記得國王參加青蛙王子婚禮時的服裝災難吧？」

高蒂拉怎麼忘得了。

　　國王被耍了。兩名遠道而來的裁縫師賣了一套禮服給他，宣稱禮服獨一無二，做工細緻，布料的花色更是全新設計。還說禮服十分輕巧，穿在身上幾乎難以察覺。

　　裁縫師也聲稱禮服有神奇的魔力，只要是笨蛋，就看不見禮服的樣子。國王覺得這是好主意，可以藉由他人的反應來辨別對方笨不笨。

　　許多時事節目還特闢時段介紹這套禮服，全世界都知道了禮服的祕密魔法。

　　現在，所有人都知道那兩個裁縫師是騙子。根本沒有禮服，他們卻假裝有。但當時沒有人站出來說自己沒看見禮服，甚至國王自己也沒說！

　　因為，說自己看不見，就表示自己是笨蛋。

　　要參加王子的婚禮，國王知道該穿戴最昂貴的行頭。他考慮到身邊的人多是笨蛋，所以選擇不搭配裁縫師賣給他的內衣褲。他經常穿著禮服和內褲在王宮遊走，因為身邊沒有笨顧問。為了群眾的利益，應該保持某種程度的謙虛，因此捨棄昂貴的內搭褲，改穿較傳統的裝扮。

　　某個鄰國來的訪客揭穿了這樁騙局。他來自王子妃的家鄉，沒聽過禮服的神祕魔法。

　　典禮的安靜時刻，有人聽見他問身旁的人，「對不起，這是真的婚禮，或者我只是闖進了國王的噩夢？」

　　舉行婚禮的露天廣場上，某個角落傳出了竊笑聲，接著是一陣哄堂大笑。國王的侍衛從賓客那邊拿了一件披風，讓國王披上。

　　國王當時很尷尬，但立刻發揮幽默感。他快速架起小提琴，讓群眾陶醉在歡樂的吉格舞曲中。

　　婚禮變成了笑鬧劇，青蛙王子的表情倒不見慍色。他只是及時跳上舞台，隨著音樂起舞。

　　完美的騙局。國王無法責怪他人，因為連他自己也上當了。他的寬容讓森林免了一場腥風血雨。

唯一真正沮喪的是「萬人迷」王子。他向裁縫師買了許多件禮服，大方送給城裡較有魅力的女孩，沾沾自喜，不知自己的愚蠢。

高蒂拉還買了與此事件有關的紀念品，一條男用四角褲形狀的抹布。這類紀念品在婚禮後大批販售。但她懷疑這其實真的就是四角褲，但每個人都相信是抹布，因為大家都這麼說。

貓頭鷹告訴高蒂拉，「三人成虎」的確是普遍現象。例如，只要連著幾個寒冬，大家就相信氣候改變了。如果新聞頻頻報導犯罪事件，大家就相信森林的治安變差了。這些都不盡然是真實的，只是廣為流傳的看法。

有些人注意趨勢的走向，並以之為根據去預測未來。「**千萬別相信趨勢，**」貓頭鷹警告，「一般人都覺得，要是事情持續朝特定方向發展，這趨勢就會一直持續。」

貓頭鷹令高蒂拉想起以「合理推論法」來印證「盲目相信趨勢是荒謬的」那些人。「合理推論法」是說，若是趨勢不變，那麼最後的結果將會不合邏輯。貓頭鷹說「合理推論」測試法非常有效。

有些投資者始終相信趨勢的走向。當營業利潤大幅上升，他們相信這個情形會持續；如果下滑，他們認為未來也會如此。

他們覺得租金上漲就會持續上漲；假如利息利率持續朝特定方向走，就會一直持續。對於那些決定應付收益價格的人而言，相信趨勢是極度危險的。

注意事物的本質才能找出真相。有短期趨勢，有長期平均值，但根據歷史紀錄來看，長期平均值可靠得多。

「高蒂拉小姐，**請記住：趨勢並非你的朋友。**」貓頭鷹說。

「把個別集合中的收益一一加總，你就會得到整個經濟結構體。收益只有四種，其中一種來自工作，另外的是投資—— 其中，利息、租金、利潤各占一部分。

「以利潤收益為例，假設依往年紀錄，利潤收益占了經濟總收益的百分

之十五，甚至有幾年升到百分之二十，這種情況對野兔很有利。但假如利潤收益以該利率持續上揚，但總體經濟每年只成長百分之六，那麼，六年後，利潤收益便占了總體收益的三分之一以上。而這是不可能的，不合邏輯。

「如果利潤收益占經濟體太大部分，便表示工資水準必定下滑，如此一來，民眾比較沒錢消費，利潤收益便會開始下跌。

「只要有利潤的空間，新企業便會陸續加入，商業競爭增加。新的競爭者只好壓低價格，此舉便造成利潤下跌。市場會自我校正。

「租金大漲時，三隻小豬樂於蓋更多房子出租，房子一多，空屋過剩，造成租金下跌。

「如果烏龜的放款利率過高，企業遲早會陷入貸款成本高於營運利潤的窘境而無力貸款。三隻小豬收取的租金也不夠彌補貸款利息支出。如此一來，野兔和三隻小豬就不會再貸款，經濟活動停滯，迫使放款利率下跌。

「趨勢，並非你的朋友。預測利率、利潤、租金的走勢真的沒那麼簡單，主要取決於經濟成長了多少、誰取得成長利益。

「這張曲線圖，顯示五年期和十年期的營業利潤平均成長值。我收集這些資料長達六十年。」

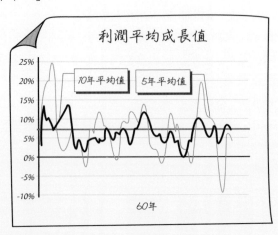

利潤平均成長值

10年平均值　5年平均值

60年

「五年期的營業利潤能快速成長，五年後也許完全不成長，有時甚至下跌。經過十年，利潤平均成長值變得較可預測，但仍不是直線。

「看看投資者多麼容易被誤導。他們也許觀察好一段時間，發現利潤每年平均增加百分之十，於是買進股票，相信這個狀況會持續，卻發現未來五年的利潤根本沒有增加。

「因此他們將股票脫手，另做投資。結果另一個五年，他們只能眼睜睜看著利潤每年增加百分之十，卻摸不到邊。有些投資者真的這麼做，我只能祝他們好運，因為他們的確需要好運。要是我就不會這樣做。」

貓頭鷹接著解釋他的收益價格理論。他說必須先注意正常價格，並且接受情況也可能反常。

所謂的反常事件，他指的是通貨膨脹率，以及投資者對通膨的預期。一般預期的通膨率會很低，約每年百分之三，但有時投資者認為應該高一點。當他們這樣想，你必須更改規則。不過，大體而言通膨率低是正常的，一般人也是這麼預期。

他繼續解釋：長期而言，在低通膨時借錢的人會想賺到百分之五左右的利潤──也許這數字聽來有點高。「那些選擇投資在利潤或租金的人，會希望賺得更多，因為他們承擔了更高的風險。就歷史紀錄來看，他們想多賺百分之五。他向高蒂拉保證，這數字不是他編造的。**長期而言，相較於放款賺利息，投資在利潤的獲利，約高出百分之五。**

「如果長期投資者想賺更多，就必須控制買入的價格。如果房地產投資者也想賺得與股票投資者一樣的獲利，就得用相同方式思考。當經濟運作正常，通膨率低且穩定，那麼，依據歷史紀錄，放款會賺到百分之五的利息，投資股票或房地產則能賺到百分之十的利潤。

「對承擔高風險的投資者而言，較高的利潤等於是合理的貼補，在事情發展不如預期的時候，也提供了緩衝的空間。

「不管是利息收益、租金收益或利潤收益，其價格都是以這條非常簡單的原則設定：**你也許想賺得比百分之十還多，但預設自己一定賺得到，是很愚蠢的**。用這種方式設定價格已經行之有年。

「這些是平均價格，每一種東西的平均價格。投資優質企業或優質房地產，你會得到較好的獲利，免除較不利的選擇。

「麻煩的是，怎麼去辨認優質投資與劣質投資。」他警告，「找三隻小豬或你的朋友九月兔談談吧。了解整個世界如何運作，應該有助於你的選擇。」

高蒂拉同意這點。

有了正面回應，貓頭鷹又繼續說。

「當你選擇儲蓄，利息收入就是你唯一的收益來源，你投入的本金價值並未改變。烏龜會支付你利息，一旦你提出要求，他也會把錢還給你。

「投資股票或房地產就不是這麼一回事了。要取回投資本金，你必須把標的轉賣給別人。我們先假設你永遠會以正確價格投資好了，這樣你會比較容易理解。我們也假設通膨率低，股票或房地產的正確價格不至於變動。

「這麼一來，投資股票或房地產所獲的報酬，就有兩種構成要素：其一，你會得到收益；其二，當你賣出投資標的時，你的賣出價格可能會高於或低於你投資的本金。若是賣價高於本金，你必須將此列入收益，以計算總報酬。如果賣出時有損失，則要從收益中扣除。

「假設收益價格維持相同，那麼，價值可能改變的唯一因素，就是收益水準起變化。

「高蒂拉小姐，這是關鍵，」貓頭鷹非常嚴肅地說，「你必須了解這點，否則就是浪費時間。」

「**投資股票或房地產所獲的報酬，是將你獲得的收益，加上任何投資本金價值的變化。如果收益價格維持相同，那麼，投資價值可能改變的唯一因素，是收益水準上揚或下跌。**」

他舉了一個例子。「假設你的收益是百分之四，這是實際上支付給你的收益，也是你能花用的收益。再假定收益水準每年增加百分之六。一年後，你可以賣掉投資標的，賺取額外的百分之六。如此一來，你的獲利是百分之十，其中包含百分之四的收益，與百分之六的價值成長。

「你不需要找『難題怪咖搜尋公司』，就能自己算出這個數字。如果你長期持有，每年都會有百分之六的收益，而當你最後賣掉時，就等於之前每一年都賺進百分之十的報酬。這個數字是以你賣出投資標的所得，扣掉你起初投資的本金。平均價格則可以倒推回去來計算。

「問問自己期待收益如何發展，把這個當成真正的起點。收益會增加、持平或下跌？一旦有答案，你就知道該為今日所得的收益付出多少代價。」

他提醒高蒂拉，投資股票或房地產的，都想賺到百分之十的報酬。這表示，若他們不期待收益水準會成長，那麼收益的獲利率就必須是百分之十。因此，他們買進時，只會付出目前收益水準的十倍，以保證百分之十的獲利。

「賣出時，他們會得到收益水準十倍的報酬。假如收益水準沒有變化，他們可以把錢拿回來，再加上百分之十的獲利——都以收益的形式呈現。

「就是這麼簡單！投資股票或房地產時，如果你預期收益水準不會上揚，就別付出超過收益水準十倍的價錢。

「如果預期收益水準下跌，付的錢就要比收益還少。」

貓頭鷹告訴高蒂拉，他可以證明，即使收益每年下跌百分之五，仍然能夠賺到百分之十，前提是付出的錢要少於收益水準的七倍。

「只要買價低於收益水準的七倍，你就能獲得百分之十五的收益。由於收益水準下跌，你的投入本金價值也會下跌。而就算從百分之十五的收益中扣除百分之五的本金價值跌價，你還是有百分之十的獲利。」

高蒂拉認為自己明白了，貓頭鷹則再次強調：「用不著說，預期會上漲的收益，比可能持平或下跌的來得有價值。」

他解釋，預期收益水準每年會增加百分之五的人，實際上只需要有百分

之五的收益，總報酬就能達到百分之十，而能提供百分之五收益的投資標的正確價格，則會是收益水準的二十倍。

這一堆數字讓高蒂拉暈頭轉向。貓頭鷹前一分鐘才說到報酬率，下一分鐘就把收益以倍數計，又是少於七倍，又是十倍、二十倍。「或許舉個例子有助你了解。」貓頭鷹建議。

「假設有三種投資標的，每一種都提供每年一千單位的收益。第一種的收益始終是一千單位；第二種的收益，每年會下跌百分之五，所以，第二年是九百五十單位。第三種的收益，每年會增加百分之五，所以第二年是一千零五十單位。」他飛到黑板那邊畫出表格。

「你可以藉由這個例子來理解我剛剛說的。」貓頭鷹說，「每種投資都會在隔年提供一千單位的收益，卻有不同的價格。事實上，價差很大，從六千七百元到兩萬元都有。你應該投資的總額，也就是投資價值的設定，是以未來收益會上揚或下跌來決定。

「一開始你就要預測收益水準如何發展，包括是漲是跌？幅度多寡？接著才能設定價格。」

對高蒂拉而言，基本概念似乎太簡單。但你怎麼知道收益水準如何發展？假如不知道，又怎麼算出價格？要將貓頭鷹說的簡單概念轉為實際操作，似乎需要許多假設，而這些假設可能是錯的。

	收益持平	收益下跌百分之五	收益增加百分之五
收益	1,000	1,000	1,000
預期報酬	10%	10%	10%
收益成長	0%	-5%	+5%

要達成預期報酬,收益水準加上成長率,必須是百分之十。

預期成長	0%	-5%	+5%
收益需求	10%	15%	5%
總報酬	10%	10%	10%

投資總額等於百分之百。為找出要付出多少(價格),我們用百分之百除以收益需求的百分比。

收益價格	100%/10%=10	100%/15%=6.7	100%/5%=20
投資總額	10×1,000=10,000	6.7×1,000=6,700	20×1,000=20,000

年終賣出投資標的,我們會得到「預期收益水準乘以收益價格」。

隔年收益	1,000	950	1,050
投資標的的售價	隔年收益1,000×10 =10,000	隔年收益950×6.7 =6,370	隔年收益1,050×20 =21,000

得出報酬總額=「收益」加上「賣出投資標的時的利潤或損失」。

售出所得利潤	0	-330	1,000
收益	1,000	1,000	1,000
總報酬	1,000	670	2,000
投資報酬率	1,000/10,000=10%	670/6,700=10%	2,000/20,000=10%

貓頭鷹說過,今天的面談結束前,她會知道應付的正確投資價格。當你必須有那麼多假設,你如何算得出正確價格?

走走走，去市場

利用本益比（即「價格盈利比率」）來判斷股價是否過高及其
品質好壞。

股票的祕密數字
是17。

貓頭鷹從棲木上一跳，在高蒂拉頭上飛來飛去，嚇了她一跳。他邊飛邊唱自己改編的〈鵝媽媽童謠〉：「走走走，去市場，大大賺一筆。」

高蒂拉記得這首童謠不是這麼唱的，但是，貓頭鷹要是真的大大賺了一筆，那麼不管他想買肥豬或肥蟲都沒問題，他可以買任何想要的好東西！貓頭鷹終於回到棲木上，好一會兒才恢復平靜。看來，一想到能賺上一大筆，他肯定很興奮。

「到目前為止，我已經說了很多有用的資訊。」貓頭鷹說，「我們談過別隨波逐流，以為世界會因最近發生的事情而改變。**長期平均值自有顯示威力的方式**。我也告訴你，投資股票或房地產的人，會因為承擔了風險而期待更多回饋。就歷史紀錄來看，這類投資的報酬率，比起儲蓄所獲得的，還多了百分之五。我們可以利用這則資訊，訂出你該為投資付出的價格。

「第一步最好是從股票下手。我想討論的是股市的整體表現，而非個股。你要怎麼知道價格正不正確？你可以藉由研究往年紀錄，了解投資收益水準的平均成長率。

「不能只看近幾年，」他再度提醒，「記得：**趨勢並非你的朋友**。某家公司縱使有幾年好光景，也不表示會持續下去，說不定恰恰相反。注意觀察長期表現，你會發現更多。

「長期來看，我指的是非常久的時間喔，企業平均盈利每年約增加百分之六·五。這是好的開始。事實上，如果你注意到以前的投資者如何設定股價，他們似乎早已預見這種狀況。假定這個平均值在未來也適用，就可以預期持股收益，進而設定應付價格。」

貓頭鷹解釋，公司賺錢時，不會把所有獲利分配給股東，必須保留部分利潤以助公司發展。但你可以合理預期，公司平均會支付利潤的百分之六十給股東。

最好的方式是直接支付「股利」。股利很棒！有些公司則利用部分利潤買回自己的股票，這也是股東的另一類投資報酬。他答應稍後會解釋這個部分。

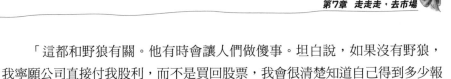

「這都和野狼有關。他有時會讓人們做傻事。坦白說，如果沒有野狼，我寧願公司直接付我股利，而不是買回股票，我會很清楚知道自己得到多少報酬。我們稍後再談這點。現在讓我們假設：我們的投資收益，是股利的形式。

「如果投資人要得到預期的百分之十報酬率，並且相信營業利潤每年會上升百分之六・五，那麼投資者就必須從股利獲得百分之三・五的收益。如果公司只提撥六成營業利潤來分配股利，就必須預期營業利潤有百分之六。事實上，百分之六的六成是百分之三・六，而非百分之三・五。『難題怪咖搜尋公司』就在樓下，你可以找他們幫忙精算。

「要得到百分之六的營業利潤，就不該付超過利潤的十七倍。營業利潤通常也稱為『盈餘』。一百除以六，是十七，十七就是正確的股價。」

貓頭鷹擦去先前畫在黑板上的圖表，寫上另一個例子。

公司利潤		1,000
保留盈餘	40%	400
付給股東	60%	600
預期報酬率	10%	
預期盈利成長率	6.5%	
額外收益需求	3.5%	
利潤1,000單位的應付價格		
（實際收益除以3.5%）	600/3.5%=17,000	
正確股價是17	17×1,000=17,000	

「十七！」高蒂拉說，「投資股票的祕密就是十七這個數字？你開玩笑吧？」

「恰恰相反啊！」貓頭鷹回答，「我做了很多假設，讓我一一列出來吧。」

一、假設公司盈餘平均每年成長百分之六・五：實際上，就算是長期來

 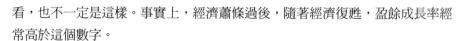

看，也不一定是這樣。事實上，經濟蕭條過後，隨著經濟復甦，盈餘成長率經常高於這個數字。

　　二、相較於儲蓄利率，股票或房地產投資者對於風險溢酬的要求為百分之五：事實上，這個數字或高或低，但根據歷史紀錄，這個數字很接近真實情況。

　　三、平均而言，公司的保留盈餘為四成，其餘的部分會以股利形式支付出去，或買回自家股票：實際的保留盈餘或多或少，且比例也可能逐年改變，端視該年公司的盈餘多寡。

　　「只要你改變假設，或許你就會得到另一個數字，可能是十六或十八，但不會是十二，除非設定的條件十分異常、投資人也相信通貨膨脹會很高。正確價格也絕對不會是二十五。」

　　「但這表示什麼？」惱火的高蒂拉問。

　　「表示你該付出多少。**正確股價是公司盈餘的十七倍。**如果現在不是這個價格，那麼投資的時候就應注意終有一天盈餘價格會變成十七，因為這是正確價格。

　　「你了解這是多麼重要的資訊嗎？過去七十年來，盈餘平均價格曾有十八次高於十七；低於十七的次數也有十八次。每次低於十七的時間，平均是兩年半。這還包括有一段很長的時間，經濟運作不尋常，通貨膨脹居高不下。我們明天會討論這個部分。

　　「每當價格高於十七，時間則平均持續一年半。」

　　高蒂拉開始有了一點概念。「所以價格通常不是十七？」

　　「嗯！有時候是這樣，」貓頭鷹說，「但總有一天一定會回到十七，而這很可能都發生在初期幾年。很少、很少需要超過十年。如果要經過這麼久，一定是因為市場發生異常狀況。

　　「**付出盈餘的十七倍，你會得到百分之十的報酬率。前提是，長期平均獲利為每年百分之六·五。這是簡單算數。**」

高蒂拉懷疑利潤是不是真會每年成長百分之六‧五。

「幾乎不曾剛好是百分之六‧五，」貓頭鷹回答，「十年期以上，有九成機率，盈餘成長率每年高於百分之三‧五，低於百分之九。

「這表示你有很高的機會，能得到至少百分之七的獲利，這其中包括百分之三‧五的收益與百分之三‧五的收益成長，還是比存在龜殼裡的百分之五多。你甚至有機會每年獲利百分之十二‧五、或是更多——雖然機率不高，但結果絕對令人非常滿意。」

「所以如果盈餘價格高於十七倍，就不該持有股票？」高蒂拉問。

「可以，」貓頭鷹回答，「但你得承擔更多風險，因為盈餘價格總是會回到十七這個數字。

「如果你花了二十倍買入，那麼在十年內、價格回到十七倍之前，你每年就減少百分之一‧五的報酬。即使如此，如果盈餘平均每年成長百分之六‧五，你每年的報酬率仍會超過百分之八‧五，還是比存在龜殼裡多。

「當你付出更高的成本以擁有持股，你等於放棄了部分風險溢酬。假如你付出盈餘的二十五倍，那麼你只能仰賴平均盈餘成長給你百分之五的報酬率，跟儲蓄差不多。事實上，你只能冀望年度盈餘成長率持續十年皆高於百分之九，才可以達到原本期望的百分之十報酬，但這種可能性少之又少。這樣玩太大，對我而言太危險了。

「好消息是，很多時候，你可以用低於十七倍的價錢買進，如此一來便能增加潛在獲利。如果花十五倍買進，你十年內的報酬，每年都能增加百分之一，直到價格回復到十七。這給你更大的犯錯空間。」

高蒂拉坐著，一動也不動，陷入沉思。誰想得到投資股票的祕密數字竟是十七？不是非常吸引人的數字！就算你隨便想一個數字，肯定也不會挑這個。

貓頭鷹說，十七在低通膨的正常期間裡是正確數字。這表示什麼？什麼是不正常期間？怎樣才算正常？她希望貓頭鷹能說明清楚。到底要談幾次才能知道所有的投資祕密？

貓頭鷹也出奇安靜。許多時候，貓頭鷹總是預先猜出她心中的疑問，立刻回答。這一次，她有機會說出自己的問題。

「投資房地產的神祕數字，也是十七嗎？」高蒂拉問。

「原則是相同的，」貓頭鷹回答，「但數字經常不同。」

他解釋，無法拿投資股票的情況套用在房地產上。房地產的類型眾多，歷史紀錄卻不夠詳盡。

「但原則是相同的。」他重複。

房地產投資者也希望得到百分之十的報酬率，而租金收益價格取決於租金成長的期望值。如果租金只隨通貨膨脹上揚，而通膨狀況是「正常的」（少於百分之三），那麼收益就得超過百分之七，才能達到百分之十的報酬率。說不定還需要多一點，要把維修費也考慮進去。百分之百除以百分之七，你就會得到「十二」這個神奇數字。

「某些房地產租金的漲幅比通貨膨脹高，但很難比一般薪資漲幅高，無論如何，不會持續很久，否則房客無力負擔，就會搬到比較便宜的地方。

「在森林樞紐區這類城市，房租漲幅可能與薪資漲幅一致，大致而言，甚至會比通膨率高，因為生活水準提高了。請注意，」他警告，「這也表示人們想住更好、更便利的房子。

「平均而言，如果房租在正常時間漲幅達百分之五，就得把百分之五房租納入百分之十的報酬中。加上一些維修費用，神奇數字也許會接近十七，跟股票一樣。但房地產類型不同，數字也不同。

「租金漲幅大致上取決於房地產的種類和地點。這個恐怕沒有簡單答案。想真正了解房地產，我認為你應該親自去看看。」貓頭鷹建議，「讓我先想想，或許我能幫你安排。」

能親自看一些不同的房地產，的確很不錯。出門呼吸新鮮空氣也有助於消化目前聽到的資訊。不幸的是，貓頭鷹說還有更多精彩的在後頭。

「看房子之前，我們得先討論不正常時期會發生什麼狀況，這可能會讓

你賠大錢。

「高蒂拉小姐，你先回家吧，我讓祕書安排明天的面談。」

「十七！」塞席爾咆哮，「就這樣？十七是所有事物的普遍價格？」

「不盡然，塞席爾，」高蒂拉回答，「比較像是平均價格——而且只真正適用於股票。貓頭鷹對於房地產的價格也沒有那麼堅持。他說我該走一趟看看。」

「親愛的，這樣也好。」貝莉兒發表意見，「你聽了一整天錢的事，一定累壞了吧！休息一下也好。

「無論如何，」貝莉兒補充，「我喜歡十七這個數字。塞席爾，你知道嗎？企鵝的品種有十七種呢。他們的平均離婚率是百分之十七，每小時可游十七英里。」

沒人開口——貝莉兒獲得全場關注。

「還有，塞席爾，你知道長頸鹿舌頭的平均長度是十七英寸嗎？談到舌頭，你知道人類舌頭上有十七條肌肉嗎？十七是個非常有趣的數字哩。」

「而且，塞席爾，你知道馬的耳朵上也有十七條肌肉嗎？駱駝可以連續十七天滴水不沾呢。你真應該試試看。」

屋子裡只聽得見麥片粥煮滾的聲音。

「貝莉兒，你從哪聽來的？」塞席爾終於打破沉默。

「我忘了，」貝莉兒回答，「不知道在哪裡看到的。我就是喜歡十七。難道你沒有特別偏好的數字嗎？」

「我從沒想過這個問題。但我必須說，我很喜歡數字七。如果有人要我從一到十想一個數字，我立刻會想到七。」塞席爾回答，「丹妮絲呢？」

丹妮絲仔細考慮。「你們討論時，我一直在思考這個問題。我決定我最喜歡的數字是十二。」

貓頭鷹與貓咪

永遠會有通貨膨脹率超出人們預期的風險。高通膨拖延一段時間後，資產價格會下跌。戰爭是另一個衝擊投資價格的主要外部因素。這些都無法預測，只能設法應付。

通貨膨脹率上升、投資就必須升高。有時候除了等，沒別的辦法。

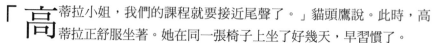

「**高**蒂拉小姐，我們的課程就要接近尾聲了。」貓頭鷹說。此時，高蒂拉正舒服坐著。她在同一張椅子上坐了好幾天，早習慣了。

「今天結束時，你將了解所有投資的大原則，接下來你就可以自己花點時間去研究細節了。

「昨天我們談過投資的正確價格，但那些原則只適用於正常時期。一旦發生異常的事，價格也可能改變。

「記住：異常終將會回復正常，否則正常就不算正常！

「總是有些人危言聳聽，」他警告，「在事物運作異常時現身森林，告訴我們世界改變了。他們說服人們相信近來的趨勢，說事物不會再回復正常，吸引許多擁護者。

「當多數人開始相信他們，他們說的就成了『共識』。」貓頭鷹說，「如果你問我，我會說**世界上太多共識，常識卻不足！**」

「舉例來說，許多人似乎相信國王和他的顧問可以控制通貨膨脹水準，也就是價格升高的比率。」

「例如，堅果或莓果的價格嗎？」高蒂拉問。

「高蒂拉小姐，你似乎很在意堅果和莓果的價格。考慮過開堅果店嗎？」

「不是的，其實是因為堅果和莓果的價格對我的朋友棕熊一家十分重要。我希望能跟他們解釋。」

貓頭鷹明白她的顧慮，又繼續說：「國王有個糟糕的顧問，叫做蛋頭鄧普提，講什麼國王都聽，連那套騙人的禮服也信，除了少花一些錢養馬養人這件事。我敢說，鄧普提威風的日子也不多了。

「通貨膨脹率通常很低。投資人預期通貨膨脹率會保持低點，這種假設相當正確。正確價格的設定，其中一個假設就是通貨膨脹率低於百分之三。

「引發通貨膨脹的因素相當複雜。有時，從森林外進口商品的成本會造成森林裡的通貨膨脹，除了找本地商品來替代，有時候還無計可施！

「有時，人人有錢又樂於花錢，企業覺得漲價可以賺更多，便造成通貨膨脹。

「有時是因為短缺，例如空屋不足的時候，想租房子的人就得花更多錢。通貨膨脹有很多原因，沒辦法一一舉例。

「碰上這時候，鄧普提還跟國王咬耳朵，說只要告訴烏龜調升利息，就能控制通貨膨脹。

「他們肯定可以調高放款利率，讓通貨膨脹率下降，」貓頭鷹嚷叫，「一旦有個萬一，卻可能同時毀了整體經濟。就這一點，他們期待我們會支持並且鼓掌叫好。我們指的是那些盲目的支持者！」

貓頭鷹激烈的言詞讓高蒂拉懷疑，是否他就在這種情況下陷入財務困境，導致婚姻破裂。

「或許我對老鄧普提有些不客氣，」貓頭鷹承認，「其中的確夾雜我個人的因素。

「高蒂拉小姐，我不常跟別人分享私事，但是我欣賞你。這個故事有助你了解，如果準備不足，通貨膨脹的破壞力多麼強。我可以信任你會為我保密嗎？畢竟，一個財務顧問卻有這種不好的紀錄，實在談不上好事。」

高蒂拉向他保證不會洩露他的私事，棕熊一家也不會。

有這樣的保證，貓頭鷹便繼續說：「這是幾年前的事了。當時通貨膨脹高得嚇人，還維持了很長一段時間。

「我不曉得原因，也沒有人提供令我滿意的解釋。你或許會覺得很愚蠢，但我懷疑是壞巫婆做的。高通膨就發生在她被老國王親自逐出森林後不久。

「我覺得也應該把他那個畜生兒子一併放逐，」貓頭鷹搖頭，「『萬人迷』根本是個大禍害。謝天謝地，王儲回來了。要是『萬人迷』當上國王，天曉得這世界會變成什麼樣？

「我離題了⋯⋯」貓頭鷹拉回正題。

「當時，通貨膨脹率激增。在我們決定投資標的價格時，通貨膨脹率是十分重要的考慮因素。要是我們多少能預測其變化就好了，就不必老是冒風險。

「或許我應該從頭說起。我娶過一隻貓。」這對高蒂拉而言不是新聞，但她圓滑地保持沉默。「我花了整整一年又一天，和那隻貓在海上航行。我必須說，我對她很著迷。她很出色，很有幽默感，懂得享受。我們分享每一餐，在月光下共舞，我們分享一切。最後我們請了火雞當證婚人，那是一段美好的時光。」

說到這裡，貓頭鷹眨了眨眼。高蒂拉不確定他是因為習慣每次只閉一眼，或試圖傳達對這段關係的真感情。

「搭遊輪是貓咪的主意。我必須說，我興致缺缺。畢竟我是隻鳥，在空中飛才自在，習慣在堅固的棲木上休息。她提出邀請之前，我從沒想過要搭船在海上漂流。

「船停靠岸邊時，沒有問題。不過，要航向大海時，我真的很害怕。海上都是波浪。待我了解水位上升、船也會跟著上升時，我真的鬆了一口氣。風浪大小都沒關係，因為我跟水面總是保持相同的距離。

「如果事情不是這樣，你想過那將是多大的災難嗎？水位上升，船卻保持在同一高度，就會下沉進而淹沒。我知道你認為我很幼稚，但第一次搭船的我就是很擔心這件事。」

高蒂拉也沒搭過船，但在學校上過物理課。或許貓頭鷹沒上過這類課程吧？她非常了解千萬不要因貓頭鷹的話題轉換而分心，因為他一定會給個理由，說出他真正關心的事。

「這個小故事的重點在於：通貨膨脹就像大海，投資則像船隻。事物運作正常時，通貨膨脹低，誠如港口或池塘的水面平靜無波。

「但是如果水位上升，那麼，船也必須升高。通貨膨脹率上升，投資收益就必須升高，投資人才有利潤——你可以拿堅果或莓果來比喻。

「我們討論過正常時期的投資。我說過,那些為賺取利息收益的投資者希望得到百分之五左右的利息,這是在他們假設通貨膨脹率一如往常,低於百分之三、甚至約百分之二的情況下。但如果他們認為通貨膨脹率較高,期待的報酬就更多。」

他解釋:長期來看,若投資人認為通貨膨脹率將超過百分之三,那麼他們期待的利潤便是通貨膨脹率再加百分之三。也就是說,如果通貨膨脹率可能是百分之五,他們就想賺百分之八;如果通貨膨脹率可能是百分之十,他們則想賺百分之十三。如此一來,投資利得才不會被通貨膨脹抵銷一空。

為賺取利潤而投資的人也以相同方式看世界。貓頭鷹提醒高蒂拉,當事物運作正常,通貨膨脹低的時候,他們期望的投資報酬率有百分之六。一百除以六,就得到了神奇數字「十七」,也就是說:如果付出盈餘或利潤的十七倍,利潤就是百分之六。

「以往,通貨膨脹率高於百分之三時,投資人只想付出比較少錢來買進投資標的,以保證獲利率,通常他們想得到高於通貨膨脹率百分之三‧五的報酬。如果他們認為通貨膨脹率會到百分之五,他們期待的獲利率就是百分之八‧五;如果通貨膨脹率漲到百分之九,期待獲利率就是百分之十二‧五。」

換句話說,通貨膨脹率上升時,股票投資者會預期更高利潤,以抵銷通貨膨脹。這麼一來,投資標的之價格就會下跌。貓頭鷹畫出一張表格。

通貨膨脹率	獲利率期望值 (通貨膨脹率加上3.5%)	利潤價格 (價格/盈餘比)
低於3%	6%	100/6=17
5%	8.5%	100/8.5=12
7%	10.5%	100/10.5=10
9%	12.5%	100/12.5=8

　　實際的通貨膨脹率是多少沒那麼重要，重要的是，投資人期望的通貨膨脹率，而這植基於他們最近的經驗。即使利潤每年正常增加百分之六‧五，盈餘價格變動也可能對股票價格造成戲劇性衝擊。

　　貓頭鷹從棲木飛到房間另一端的黑板，拿了一根粉筆開始畫新表格。

年	利潤	通貨膨脹	盈餘價格	投資標的價格
1	1,000	低	17	17,000

　　「假設公司平均盈餘是一千元，而你花了一萬七千元投資這家公司——當通膨率低的時候，這個價格是合理的，因為神奇數字是十七。」他在表上又加了另一列。

年	利潤	通貨膨脹	盈餘價格	投資標的價格
1	1,000	低	17	17,000
5	1,350	7%	10	13,500

　　「利潤正常增加，五年後達到一千三百五十元。你會希望以兩萬三千元賣出（十七乘以一千三百五十），但是壞事發生了，通貨膨脹率升高到百分之七。現在，投資人只準備付你十倍價錢，因為通貨膨脹很高。

　　「所以如果你在這時賣掉，只會得到一萬三千五百元（十乘以一千三百五十），比你買入的價格還少三千五百元，損失超過百分之二十。非常糟糕的結果！」

　　高蒂拉開始擔心通貨膨脹可能是大問題。

　　「然而，任何事都是一體兩面，對於準備承擔風險、在高通膨時買進股票的人來說，這是天大的好消息。」他又增加一列，解釋其意義。

年	利潤	通貨膨脹	盈餘價格	投資標的價格
1	1,000	低	17	17,000
5	1,350	7%	10	13,500
10	1,850	低	17	31,000

「假設有人在高通膨時，以一萬三千五百元買進收益為一千三百五十元的投資標的。五年後，盈餘正常成長百分之六·五，變成一千八百五十元。同時，通貨膨脹回復常態，神奇數字十七再度適用。

「持股人可以幸運地以三萬一千元（十七乘以一千八百五十元）賣出投資標的，即使先前只花了一萬三千五百元。同時，他們也可以享受原有投資的豐厚收益，因為這部分收益持續成長。這樣的投資結果好得驚人。

「唯一的問題是，如果他們相信這種好光景是常態、高報酬率會持續，一旦不小心就會付出太高成本，超過十七倍。因為他們預期將來會賺更多錢。

「我見過這種情況，太常見了。」

高蒂拉可以理解，如果好長一段時間操作失利或順利，很容易就會相信世界改變了。如果其他人也這麼想，你更容易輕信。這會成為共識，因為不相信的人會被視為蠢蛋。

但她有另一個疑問。「通貨膨脹高不就代表利潤會比平常時候上升得更快？縱使不能完全解決問題，但多少有幫助吧？」

貓頭鷹解釋，通貨膨脹率上升時，企業的利潤一開始會增加。然而，當這種狀況持續不變，就很難獲利了。

企業的成本通常增加得比漲價還快。物價可望持續攀升時，一般上班族會要求更高的薪資。企業若預期通貨膨脹率較高，就會預先漲價，也就使通貨膨脹的情況惡化。

「因此，高通膨持續一段時間後，野兔會面臨兩方夾擊：利潤空間壓

縮、利潤價格下跌。非常不幸的狀況！

「許多人指責野兔是造成股價頻繁漲跌的元凶。其實，股價波動並不是他們可控制的。過去六十年來，百分之九十的價格變動可以解釋為利潤水準改變，或通貨膨脹率改變。

「我可以給你看曲線圖。」貓頭鷹提議。

「不，謝謝你，」高蒂拉回答，「我相信你的話。」

貓頭鷹繼續說：「另外百分之十的價格變化肇因於，野兔其實是勇於承擔風險的。誠如我說的，他們偶爾會太過激動，朝錯誤方向前進或乾脆停下來睡覺。」

高蒂拉不明白這樣的貓頭鷹怎麼會碰上財務困境。「如果你明白這一切，為什麼還陷入困境？既然你說異常狀況總會回復正常，那你只要等待就好啦？」

貓頭鷹沉思片刻。「應該說，我現在才懂。經驗是良師啊。

「我碰上困難的那段時間，持續高通膨對大家都是新鮮事。我們從未經歷那麼久的高通貨膨脹。連我都開始懷疑，世界是否真的改變了。壞事發生時，人很難不朝壞的方向想。

「當時我是貸款來投資。如同我先前提到，債權人希望獲得比通貨膨脹率還高百分之三的報酬，烏龜收的利息自然就升高。也就是說，通貨膨脹升高時，貸款利率也跟著漲。

「當時，通貨膨脹率約在百分之十左右，貸款利率升高到百分之十三，光是還利息就讓我叫苦連連，更別說股票價值還下跌。烏龜知道我的狀況不佳，自然想雨天收傘。

「接著，老鄧普提覺得這種情況持續太久，必須有所作為，終結高通膨。他要烏龜再提高貸款利率，結果，公司一家家破產，民眾失業，經濟旋入衰退期。這都要感謝老鄧普提做的好事。

「那真的對我打擊太大，」貓頭鷹不禁顫抖，「生活變得艱困，物資一

度吃緊，糧食短缺。貓兒彷彿發現她眼前就有一隻鳥可吃一樣，害我成天提心吊膽，要隨時小心貓咪從背後偷襲——幸好，我的頭可以一百八十度轉。

「最後，我太太離開了我。我花了好一陣子才恢復正常。真的是太恐怖、太恐怖了！」

高蒂拉不免同情起來。「幸好你似乎已走出傷痛了。」

「喔！我現在很好，再好不過了。不過，你知道嗎，雖然我不希望再經歷一次，也很難對老鄧普提有好感，但我真的不怨恨壞巫婆讓通貨膨脹變高。我學到很多，也有時間調養生息，而且肯定不再犯相同錯誤。

「老實說吧，我那段婚姻也算不上一回事，頂多就是一段旅行中的豔遇，注定要失敗的。離婚對她也比較好，我們現在還是好朋友。附帶一提，她再婚了——這次是嫁給波斯貓。石油富商啊！」貓頭鷹閉上一眼，悄聲說道。

貓頭鷹想了想，又說：「我對老鄧普提或許有點不公平，畢竟當時他的確將通貨膨脹控制在某一水準。野兔對他說的每字每句更是萬分注意。但壞巫婆恐怕會再次攻擊，而鄧普提毫無招架之力。

「假設因為大家都相信鄧普提可以控制通貨膨脹，你也跟著相信，就太愚蠢了。你一定要特別小心才是。」

高蒂拉納悶：對於房地產投資人而言，通貨膨脹帶來的問題也一樣嗎？

貓頭鷹解釋，某些地段的房地產的確也會面臨相同問題。一般人通常是貸款購買房地產。當貸款利率升高，他們無力負擔利息，能借到的錢就沒有那麼多。

唯一可以維持房地產價值的，就是「需求」，尤其是在人口增加的地區，例如森林樞紐區。一般來說，通貨膨脹率上升時，建築成本也會隨著升高。但是，想住在樞紐區就別無選擇，只好花更多錢。

這些人通常也付得起，因為他們薪水調升的幅度可能比通貨膨脹還高。

房地產價格隨通貨膨脹急遽上漲、甚至可能高過通膨，就會吸引投機建

商投入市場。他們預期房地產價值能持續快速上揚，也付得起較高的利息。

在這種情況下，房地產投資人就會面臨很大的風險。高通膨若歷時過久，他們的租金收入可能少於利息支出。

供過於求便會造成房地產跌價，這是投資人不樂見的。

「高蒂拉小姐，這是另一條自然世界法則。」貓頭鷹說，「千萬別忽視地心引力。你可以把硬幣拋入空中，但它最終會掉到地上。硬幣永遠會掉下來，異常終究會再次回復正常。」

「通貨膨脹不是唯一的異常狀況，只是比較常發生。另一種不規則的情況是戰爭！

「老國王有時會開始討厭某個他國首領，而且把自己喜惡強加在忠心子民身上。他整頓兵士戰馬，花重金購入最新軍備，所到之處，勢如破竹，戰況精彩萬分。但投資人可慘了！」

貓頭鷹解釋，戰爭的不確定性總是造成市場緊張。或許國王會吞敗仗！或許我們侵入的該國人民會停止進口我們的產品，或是拒絕出口物資給我們！任何糟糕的事都有可能，耗在戰事上頭的大把鈔票還算小事哩。

利率筆直下滑，戰事未停前，利率維持低迷。一旦宣戰，股價經常會下跌，野兔就得想辦法避鋒頭。戰爭不結束，股價不會回穩。

「要是國王還派出『萬人迷』去姦淫擄掠，那一切就完了。料他也只會這招而已。

「你很難預料何時有戰爭。一旦碰上，你只有一個選擇，就是等待。不過，**你可以在戰時買入好資產，因為這時的價格通常便宜，利率也低。**

「你也許覺得影響投資的壞事太多了，但很多都算是常態。」

他看見高蒂拉一臉不解，進而解釋：「市場及企業利潤的波動並非外力造成的壞事，反而是正常的。有經驗的投資人知道世界不會直線運轉，會有適當的因應措施。

「就像戴爾農夫一樣,他們常有足夠的備用物資以滿足歉年所需。

「針對常態波動,國王也有一筆預算,能讓神仙教母提撥福利金給有需要的人,以抑制情況惡化。

「當壞巫婆開始隨機惡搞,例如毒蘋果事件,市場可能會暫時緊縮,人心惶惶,行為模式也稍有改變。但不久之後,就會漸漸回復正常。」

基於蘋果很安全這個「共識」,高蒂拉又開始買蘋果。事實上,一如往昔,蘋果既不會比較安全,也沒有所謂較不安全的時候。就算果樹園公司額外加裝了保全裝置來保護蘋果,壞巫婆還是可以再挑出一顆蘋果下毒。

貓頭鷹又說:「比起壞巫婆做的壞事,自然之母的破壞力更強大。洪水、乾旱、地震、海嘯,我們什麼都碰過了。受災的民眾面對其後果,繼續過活,投資市場也是如此。

「正常投資定價策略甚至可以調節短期通貨膨脹或兵士戰馬的短期調度。

「只要投資人妥善運用等待期,正常投資定價策略仍能使投資人足以承擔買進房地產或股票的風險,即使在這段期間內,獲利可能會低於平均值,卻仍舊高於儲蓄所獲的利潤。

「真正的壞事是持續高通膨及戰事延長。這些情況罕見,根本無法及早計畫。如果這些事經常發生,久了就會變成常態,那麼正常投資定價策略又可以派上用場。

「有些人一直擔心這些壞事發生,便把錢全放在烏龜那兒。一旦壞事真的發生,他們就聲稱自己的決定始終正確,卻不去計算在長久的正常時期中,損失了多少。

「面對持續高通膨及戰事延長,沒有神奇的答案,只能想辦法因應。硬幣遲早會落到地上,事情總會恢復正常。」

「並非每個人都這麼想。有些人經常對短期事件做出反應,因為相信這

些短期事件終會造成長期影響，或是發展出新趨勢，令世界改變。

「有時候這會導致十分激烈的價格不規則。**價格非常不規律的時候，對於收益愛好者而言，要不是發出危險信號，就是發出機會信號。**

「當企業的獲利空間遭到壓縮，野兔就會變得消沉，只管埋頭呼呼大睡。因為他們知道，在某個時間點，利潤一定會開始增加。趨勢並非你的朋友。

如果通貨膨脹低，你能以低於收益十七倍的價格買進，你就能操作得很好。你要承擔的風險很低，也不太需要應付通膨造成的問題。這些日子以來，老鄧普提的確盡了全力控制通貨膨脹。

「另一方面，如果利潤急遽增加，野兔變得活蹦亂跳也是正常的。他們其實大可天天如此，但利潤增加對他們而言是最佳興奮劑。

「如果野兔的索價遠高於現行收益的十七倍，你就該把錢放在龜殼裡。最極端的做法是，你甚至可以賣出部分持股，把錢轉存到龜殼或和三隻小豬一起投資。

「相同的情況適用在小豬身上。當房地產價格過高，千萬別買進。這時候，野兔的價格經常較為合理。把錢給他們。**房地產價格站上高點的時候，就趁機賣掉**，把錢挪到其他更好的地方。

「以這些方法，在善用金錢的競賽中，你的贏面就增加了。」

小紅帽

課稅的影響，以及不同的稅收方式如何影響投資決定。

若將稅賦納入考量，高價賣出投資標的未必有利可圖。

高蒂拉注意到貓頭鷹對於買進與賣出的適用原則稍有不同。他覺得高價時不能買進,卻要趁價格高點賣出。

「老是買進賣出是沒有意義的,」貓頭鷹警告,「因為一旦你在交易中獲利,野狼也會想分一杯羹。如果把野狼拿走的那部分列入考慮,你也許會考慮繼續留在手上。」

「這麼說也不公平吧,」高蒂拉抱怨,「想賺錢就得冒一些風險啊。」

聽到高蒂拉開始懂得運用投資術語,貓頭鷹笑了。

「為什麼野狼有權分一杯羹?」她問。

「好問題!」貓頭鷹回答,「我不否認徵稅是必要的,但針對資本利得課稅,會讓投資人不敢冒險,並且干預自由資本的流動,而後者對經濟的運作十分重要。

「資金從定價過高的投資標的流往能更有效運用的標的,會較有經濟效益,甚至減緩市場波動。必須有更好的方式。」他總結。

高蒂拉問:「不能做點什麼來防止野狼拿走辛苦錢嗎?」

貓頭鷹搖頭。「恐怕不行,高蒂拉小姐。野狼是十分卑鄙的生物,最好別妨礙他。我聽說有個小女孩拒絕納稅,野狼就吃掉她祖母。」

❖ ❖ ❖

他承認野狼的確是下流角色,但就算他不收稅,也有別人來收。定下規矩的不是野狼,他只是用了比其他正派生物更激烈的手段罷了。定下規矩的,是國王和他那班鄧普提之流的顧問團。

「每樣東西都要課稅。」貓頭鷹嘆氣,「雖然針對資本利得課稅,就經濟面而言比較沒有效率,但是**資本利得稅通常少於其他收益稅**,只有在賣出時才需要支付。相較於把錢存在龜殼,承擔風險的投資人反而因此提升了獲利率。

「利息所得稅是定期徵收,你每年還要付個人所得稅。烏龜每年付你百分之五利息,野狼拿走其中四分之一。假設你沒把錢花掉,都留在龜殼裡,那

麼你只剩下四分之三的利息收入會在隔年賺到額外利息。

「股票利潤增加或租金上漲時，你的投資標的價值也會升高。股利或租金所得都要課稅，可是在你賣出投資標的之前，你的資本利得都不必課稅。就這點來說，稅務設計有利於勇於承擔風險的投資者。

「事實上，烏龜每次吹噓他獲勝紀錄的時候，總是避談野狼徵稅帶來的衝擊。如果將這點計算進去，那他贏的次數就沒那麼多了，尤其是長期競賽。」

貓頭鷹談到先前的討論。「我不期望你記得前幾天看過的圖表細節。根據那張龜兔賽跑成績圖，經過十年時間，烏龜很少會贏。就算贏了，之間的利潤差距也不到百分之二十。

「如果把稅收衝擊考慮進去，烏龜更可能贏不了幾場，而之間的差距更是少之又少。

「當繳付資本利得稅比起繳納一般收益所得稅還來得有利的時候，投資人就有可能做出奇怪的選擇。」

貓頭鷹解釋。「不是投資人不理性。考慮到野狼這個因素，他們的反應其實是合理的，尤其對那些重視祖父母的人而言更形重要。不過，如果他們只對好的投資結果有興趣，反應可能完全不同。

「如果將稅賦納入考量，將投資標的高價賣出，不一定有利可圖。經過野狼課稅，你得到的稅後盈餘可能比正常定價的投資標的還少。除非是天價賣出，否則往往得不償失。

「不過，投資者有個優勢，他們可以控制資金的運用，選擇價錢最好的時點買進投資標的。要是找不到適合買入的，他們也能把錢存在烏龜那邊，等待房地產或股票價格再次下跌，反正這是無可避免的。換句話說，買進的抉擇比賣出容易，因為買進時不必考慮相關稅賦，只有賣出時才要。

「如果價格真的很便宜，你甚至可以向烏龜借錢投資，再拿未來的收益還他。

「不過，請以我個人的經歷為借鏡，貸款投資一定要謹慎行事，絕對不

能使負債超過資產價值，以免碰上壞事的時候，無力因應。」

「如果不是因為野狼，企業可能也不會做這種不合理的怪事：企業有時候會選擇不發放股利，而是買回自己公司的股票。」

高蒂拉記得貓頭鷹之前提過。

「假設有一家獲利的公司，需要保留部分盈餘以助公司未來發展。但他們擁有目前股價百分之四的多餘資金，可以回饋股東。」

貓頭鷹表示，身為投資者，他寧可那些多餘資金純粹變成股利，但是比起以現金買回股票，支付股利有時候比較沒有稅賦效益。畢竟，公司只想找出對股東而言最佳的結果。

對投資人來說，把股票賣回給公司所得到的收入被視為返還資本，不須納稅。剩下的則是資本利得。

「我舉個例子，」貓頭鷹看得出來高蒂拉有點困惑，「假設你用一萬元買股票，五年後值兩萬元。公司不發股利，提議用八百元買你百分之四的持股。如果你接受，其中一半所得是原始投資的報酬，因為價值漲了一倍，另一半則是資本利得，比一般收益更利於課稅。

「自然人股東沒有義務賣回股票，但如果選擇賣回，就會收到百分之四的收益，等同獲得股利，只是課的稅不同。

「正常情況下，並非所有股東都想賣出持股。選擇不賣出的好處在於：公司在外流通股數少了百分之四，也就表示少了百分之四的人來瓜分公司未來的利潤，他們手中持股的未來利潤等於升值了百分之四。事實上，甚至多於百分之四，但是很少人仔細去算。

「這會讓剩餘的流通股票更有價值，因為每股都有超出百分之四的利潤。更好的是，在賣出以前，這些利潤成長不必繳稅。」

貓頭鷹批評，有些人只注意股利分配得少，卻沒有考慮到買回股票所得到的利益。這仍算是收益分配，而且摒除了野狼的魔爪。

從表面上看來，高蒂拉認為企業買回股票可以讓股東付較少稅。這個想法很棒，但貓頭鷹興趣缺缺。他說有時候這是經營手段，尤其是股價跟員工獎金綁在一起的情況。在這種支付獎金的前提下，公司不需要提高本身價值。如果是收到股利，股東可以用來買其他投資標的，說不定還比未來的企業利潤划算。

「未來利潤是不確定的。沒有什麼比得上手邊有現金。但是，當國王的顧問告訴他要這樣課稅時，野狼就會改變人們的行為模式，人不一定會選擇比較好的那邊。」

「高蒂拉小姐，我希望你覺得這幾天所學甚多。」

高蒂拉承認貓頭鷹提供了非常有用的資訊，讓她知道投資世界的運作方式。這些資訊當然有助她了解如何選擇投資標的，但她知道得越多，就更體會到還有更多事得學。

「你能了解學海無涯的道理，就更容易成為成功的投資者，」貓頭鷹繼續說，「你該走出這間辦公室，去到處看看。我們昨天也討論過，你該來個田野考察了。」

「從哪裡開始？」高蒂拉非常興奮。森林中有許多地方她還沒去過呢。貓頭鷹擬訂的計畫讓她很感動，他甚至行前發文確保她到每個目的地都有人接待。

「既然你想了解房地產，就一定要去拜訪三隻小豬。路程有點漫長，但保證最值得。我畫了一張地圖給你參考。

「沿途中，你該特別注意那些公司行號。過去你可能不了解，但許多公司的股票是你可以買進的。你回來和九月兔見面時，他會告訴你哪些值得投資。

「你沒有車子吧？你可以利用大眾運輸系統，可惜不能全程走完，因為工作人員必須在子夜前返家。」貓頭鷹花了一些時間抱怨大眾運輸系統的不便。

「車夫會載你通過高樹林，之後恐怕就得步行。穿好走的鞋子。這趟旅

程要花上四天時間，你需要一些錢，出發前記得到提款機領錢。中途停在波麗茶屋買份三明治也很好，那麼一路上就有東西吃了。」

　　貓頭鷹攤開地圖說明：高蒂拉會通過臭沼澤，走上蜿蜒草地，在那裡過第一晚。他安排了田鼠接待，建議她禮貌上應該付一點住宿費。

　　「田鼠十分努力工作，卻只能勉強維持生計，一點額外收入也能幫他周轉。」

　　第二天要走很遠，直走到天邊遠山。她會在那裡遇到山羊，了解老鬼鎮的一切。

　　第三天，她將經過深谷，向上走到豬景高地。他在那兒有個特別安排。

　　「我和皇室有來往。青蛙王子最近似乎住在豬景高地的鄉間別館。他看過電視特別節目，相當期待見到你。他甚至邀請你在那裡住一晚，見見他可愛的家人。」

　　高蒂拉不知道該說什麼。貓頭鷹真慷慨，特別為熱愛皇室的她安排這一切。到目前為止，她只遠遠看過王儲，想到能與他近距離接觸，還能見到王儲一家，實在太讓她興奮了。她心想說不定能要個紀念品，加入她的收藏。

　　旅程的最後一部分是從豬景高地下山，直接前往河岸見三隻小豬。

　　「見過三隻小豬後，你可以沿著石子路回到森林樞紐區。夠幸運的話，你應該搭得到往這裡來的馬車。就算要步行，也不怎麼遠，應該可以輕鬆在一天內到達。」

　　高蒂拉又仔細看了地圖。「既然三隻小豬就住在石子路底，為什麼我必須跋涉到天邊遠山再折返？」

　　「我希望你先見過他們的承租人，這會讓你和三隻小豬的討論更具意義。」

　　高蒂拉起身告辭。「貓頭鷹，感謝你為我做的一切。我保證很快再來拜訪你。」

　　貓頭鷹雖然高興有這麼一位積極的學生，卻也很實際。「高蒂拉小姐，

我會寄帳單給你。」

❖　❖　❖

對於貓頭鷹規劃的旅程，高蒂拉興致盎然，當天其他時間都在做準備。她在森林購物中心找到好穿的鞋子和舒適的旅行衣物，在BBC超市買齊糧食。

回到熊穴時，她已經筋疲力盡。棕熊家好奇地想聽更多消息，但她只想睡個好覺，因為明天一大早就得出發。

「今天是求知日，」她報告，「我們談了很多。」

她試著盡可能簡單總結，告訴他們，股票或房地產投資者在價格波動時的做法，績效通常比把錢放在龜殼裡來得好，而這時的價格決策，一定要能夠承擔市況不如預期所帶來的風險。

壞事可能發生，但許多壞事都在可接受的範圍，真正的壞事除外。貓頭鷹指出，在他的經驗中，只有兩種真正的壞事：特別久的通貨膨脹和戰爭。

她還說了一些貓頭鷹的親身經歷，貝莉兒感到很遺憾。

「不過他似乎沒有太多懊悔。他說，經過一段時間，壞經驗有時反而成了好事。」

「嗯！說得也是。」貝莉兒同意，「塞席爾，你還記得我們曾多麼在意入侵者？你花了好多時間讓洞穴變得更安全。當時我們很擔心呢。

「但如果沒發生這件事，我們就不會遇見高蒂拉，也沒有這個暢銷的故事了，自然也就沒這些錢。我想，壞事的確可能帶來好結局。」她若有所思。

塞席爾不同意。「貝莉兒，我認為這麼說太鄉愿了。如果你被殺了呢？要是發生這種事，你就很難往好方向去想了。」

此時，丹妮絲突然插口說了一句：「我認為你們都錯了。」

在場的人都很吃驚。僅此一次，丹妮絲表態了。她一向採取中間路線避免爭執，從不曾說過他們錯了。

「有時候，壞事只是暫時的挫敗，只要你能重新站起來，也許會有正面

結果。有時候，壞事根本就是災難，完全沒得救。」

　　就這一次，他們都同意丹妮絲說對了。她仍然選擇中間路線，但不是妥協；她認為自己是對的，他們是錯的。

　　高蒂拉還把野狼的事也說了。依據野狼的做法，冒一點風險投資股票或房地產，的確比把錢全存在龜殼裡來得有吸引力。

　　光聽到野狼的名字，塞席爾就勃然大怒。「要我說幾遍都一樣：那個噁心的傢伙休想拿走我一分一毫！」他咆哮。

　　高蒂拉把不付錢給野狼的可怕後果也說了。

　　「正好！」塞席爾說，「如果我要跟野狼幹架，奶奶已經過世也許是件好事──雖然我當時不這麼想。」

10

三隻山羊

已開發經濟環境中的投資市場十分多元。有零售業、製造業、建築業、礦業、企業服務業、個人服務業,也有公共建設和公用事業的機會。房地產則包含不同區位、不同需求波動的住宅、零售和商用大樓。

> 每次我們向小豬房東提議買下房子,他就提出更高的價錢。

隔天早晨出發前，高蒂拉採納貓頭鷹的建議，到波麗茶屋買些點心帶著。

馬車沿著窄路一路前進，離開森林樞紐區，進入高樹林。高蒂拉好多年沒走這條路了，沿途所見，證明了樞紐區正在急遽發展。

房舍廣布，還有許多新屋仍在興建。有些蓋在丘陵頂端，居高臨下，景色一覽無遺。

高蒂拉注意到蓋在這些地點的房子特別華美，有著大片窗戶和露台。她不禁想像起是誰住在裡面。

低處的房子較平凡，也較密集。

她通過一大片剛整過的空地，此處也是大興土木，大量運用海狸從高樹林砍來的木頭當建材。

「海狸一定賺了很多錢，」她想，「說不定我能買他們的股票？」

她經過許多新郊區中心，這裡到處是商店或辦公室，雖比森林樞紐中心區域來得小，但足以滿足當地居民。

看來似乎有很多人在此工作、購物，進各式餐廳或茶館用餐。她注意到波麗茶屋全挑在最佳地點開店。她已經去過樞紐區的波麗茶屋，這下子也能在各個郊區買到三明治了。

每個郊區也有BBC超市和「嗨呵喔乳品公司」，似乎也是體質良好的公司。

她不時看見「難題怪咖搜尋公司：會計與精算服務」的辦公室，大概是為當地商戶服務吧。有野狼當稅務員，讓他們多了許多業務。

偶爾她看到幾輛汽車，數量不多，畢竟是十分新穎的科技。

高蒂拉覺得這項新發明可能造成大衝擊，或許就像電視和電腦的發明一樣重要。

她想到貓頭鷹，不免莞爾。在他辦公室裡看不到電腦，雖然祕書鳥用電腦排定面談、準備信件、幫貓頭鷹打字。

「如果貓頭鷹學會使用電腦，就不必親手繪製那些圖表。也許他就是討

厭電腦，沒耐心去學。」

汽車很昂貴，而且就她所知，只能在一家新公司「蛤蟆汽車」買到，這家公司位於較偏遠的風柳區。高蒂拉看過廣告。

她心想，這種新科技將帶來巨大影響，畢竟森林的路還不適合車輛行駛。此外，相關配套措施也很多，說不定對三隻小豬十分有利。將來一定需要蓋停車場，三隻小豬就可以把自己的房地產租出去。

這麼一來，也會多了許多受害者，最受影響的應該是大眾運輸系統吧。對栽種南瓜的人也不利，雖然他們可以轉種其他作物。

家鼠、田鼠、蜥蜴肯定要失業了，神仙教母恐怕要忙於為他們找新工作。田鼠應該最容易轉業吧？

「他們或許能夠為野狼工作，反正一樣聲名狼藉！野狼可以雇用田鼠，讓那些逃稅人士染上不治之症。」

想到這，她不禁擔心起來。最好趕快警告塞席爾。

旅程中，高蒂拉發現許多商機以及以前不曾考慮的投資機會。時間過得很快，才一下子，接近高樹林的時候，房子就變少了。

樹林裡很涼爽，高樹形成頂篷，完全遮蔽陽光，彷彿在陰天的黃昏穿越許多電線桿，雖不嚇人但肯定不是獨自一人想停留很久的地方。接下來的行程還得花上一段時間，缺少有趣的東西可看。

想到要造訪青蛙王子，高蒂拉的思緒轉向另一位有名的王室成員，也就是青蛙王子雙胞胎兄弟「萬人迷」。貓頭鷹對這位王子的憎惡之深，令她十分困擾。

她始終知道萬人迷王子有些壞。或許以往她是以太過美化的角度看待他吧。他曾是那麼可愛的孩子，眼神閃爍淘氣光采，大家就是愛慕他。高蒂拉無法不拿這個受歡迎的小男孩跟乏味的雙胞胎哥哥比較。畢竟萬人迷是如此俊美！

當然，他和壞巫婆的風流韻事的確令人失望，但那已經是好幾年前的事

了。畢竟他年輕氣盛，免不了想要遊戲人間。

昨晚她幫貝莉兒盛麥片粥的時候，談到了「萬人迷」王子。她原本期望貝莉兒對王子有點同情心，真是大錯特錯。

「那個壞小子！」貝莉兒大喊，「如果你想給我任何王室紀念品，大可保留有關那個壞蛋的東西。」她會如此激動，讓高蒂拉很錯愕。

「他對睡美人上下其手耶，實在令人作嘔。」貝莉兒顯然選擇相信謠言，而非王室的詮釋。「每個人都知道那個男孩是個麻煩，他胡作非為、目無法紀——這是一般人的共識！」就貝莉兒而言，這個話題該結束了。

高蒂拉不再空想，注意周遭環境。似乎過了很久，林木已稀疏，雖然她看不見，但顯然正接近臭沼澤。

車夫停在樹上刻有「終點站」的地方。有著爬蟲類雙眼的瘦高車掌解釋，如果想在午夜前趕回去，這是他們所能到達的最遠處。

現在是午餐時間，高蒂拉考慮吃掉波麗茶屋特餐，卻無法抵擋沼澤惡臭。她決定完全離開沼澤地帶再用餐。

顯而易見，沼澤恰如其名。幸運的是，有根傾倒的原木讓她可以通過沼澤泥土帶，安全抵達另一端。

正當她踩上原木，另一頭出現可怕的巨人。

「先付過橋費，」巨人說。

「為什麼？」她回應，「只是根倒下來的木頭。」

「因為我必須住在這裡，讓木頭保持原位。這就是我提供的服務，所以大家才能通過沼澤。」巨人回答。

高蒂拉覺得他很嚇人，決定付過橋費，忍受這一切。她看見他身上帶有明顯的舊傷疤痕。好奇心征服她，她問：「怎麼會有那些可怕的傷痕？」

很少人願意停下來和巨人交談，畢竟，這個地方充滿惡臭。巨人的健談，超出高蒂拉的預料。

「這裡以前是個美麗的地方，」巨人解釋，「直到國王決定在這裡做污

水處理。很多人住在這附近，我也維護這座橋好幾年了。不是人人樂意付費。

「變成臭沼澤之前，三隻山羊在附近經營修剪草皮和維護花園的生意。他們在兩岸都有客戶。每一次他們想過來，我們都會為過橋費爭執。有一次上演全武行，這些傷就是我掛彩得來的。

「我告上法庭，大家卻只相信山羊的話。巨人不討人喜歡，因為我們跟三隻小豬一樣，向別人收租。我們認為自己為大眾提供了服務，其他人卻不這麼想。

「我們造馬路、水壩、橋等等公共建設，要求的不過是使用者的少許費用。不想過橋的話，大可涉水而過啊，結果那隻最老最醜的山羊一聽，就火大了。現在這裡成為臭沼澤，沒有人想踩過那堆爛泥，過橋的人更多了。

「過橋費是我應得的！」巨人繼續說，「我得住在附近，隨時維護木橋。即使聞慣了這種臭味，卻讓我找不到好對象！」

高蒂拉想了想，就算巨人稍微香一點，恐怕也增加不了多少吸引力，不過她把這句話只留在自己心中。

「附近的人都搬走了，三隻山羊也是。」巨人說，「他們跟三隻小豬簽了約，幫忙維護老鬼鎮的土地和建物。」

她也沒說起第二天晚上要留在山羊家的事。聽到巨人這樣說三隻山羊，她有點擔心隔天的行程了。

「跟你聊天很開心，」巨人的眼神，擺明了就是想搭訕。「如果你再經過這裡，可以考慮留久一點。我們可以更認識彼此。」

高蒂拉揮手道別，答應巨人下次經過時會待久一點。但當她離開，就決定不再到此一遊。

她走上陡升坡。隨著午後時光分秒消逝，路也走到了盡頭。她終於到了蜿蜒草地，前方的地平線上有個小村莊，正是她要過夜之處。

更靠近時，她看見村莊是建在水岸邊，原來這裡就是「巨人水壩」。走

到大街中點，她看到一間房子，懸掛著「田鼠之家」的招牌。

田鼠聆聽她的旅行故事、貓頭鷹的諸多安排，讓她觀察商業活動、拜訪三隻小豬，好學會與房地產有關的知識。

田鼠很高興有人作伴。吃晚餐的時候，他們告訴高蒂拉，三隻小豬擁有整個村莊。

「整個村莊！」高蒂拉驚叫，「真不公平！一定有人擁有其他東西吧？」

田鼠解釋：「巨人蓋水壩，供應森林樞紐區的用水和灌溉。賣水的生意不錯，也弄出了這塊地，讓人蓋房子。

「小豬利用機會建了這個村莊。這個地點很好，不論是要旅行或工作，都不會太遠，所以很多人跟我們一樣，決定在這裡租房子。」

租金！高蒂拉想到了，這就是三隻小豬的生財之道！只是她不明白，為何有人想付租金？

「我們無力自己蓋出這樣的房子。」田鼠告訴她，「但如果每個月付租金，小豬就讓我們住這裡。我們賣掉穀物賺錢，再拿這些錢支付房租。即使蓋不起這樣的房子，也住得起，不必住在濕冷危險的田野。」

「為什麼不存錢向小豬買房子，就不必再付房租啦？」她問。

「也許有一天吧！」田鼠說，「但是付了房租，手頭就所剩無幾。每當我們稍微有點閒錢，小豬就會調漲房租，他們說是因為通貨膨脹。每一次他們漲租金，我們就提議買下房子，畢竟我們可以向烏龜貸款。

「而每當我們提議買房子，小豬開出的價錢永遠比上一次說的還多。我們不了解原因。」

高蒂拉明白其中道理：因為房子賺到的租金高了，房價就會增加。房地產的價格變動，與股價變動同理。收益有價格，而租金就是收益的一種。

投資標的提供的收益越高，標的物就越有價值。

田鼠繼續說：「我們也許租得起臭沼澤那邊的房子，或甚至是高樹林

的。我們甚至能以更少的租金，住到更好的房子。

「說不定還可以買一間，因為那邊的房子也便宜。我們考慮過，錢的問題也好解決。畢竟，少付一點租金，我們就存得多，就能更快擁有自己的房子。但住在水壩這裡，居住品質好得多。」

高蒂拉才剛從高樹林和臭沼澤那兒過來，明白田鼠的考慮是對的。她也不想住在高樹林，或住在有臭木橋和性饑渴臭巨人的臭沼澤。

高蒂拉和田鼠轉移話題，討論政治和王室消息。田鼠對於她計畫到青蛙王子鄉村別館過夜，感到印象深刻。他們說那裡一定比這個陋室雄偉得多。

時光飛逝，高蒂拉這一天過得太充實了。從破曉就開始工作的田鼠也是呵欠連連。

高蒂拉躺在床上，思考租金和買房子的事，覺得當個房東肯定比當房客好。她會提醒塞席爾和貝莉兒。他們應該花錢買洞穴，好過向小豬租。

隔天早晨，她開始旅程的第二階段，長途跋涉到天邊遠山。蜻蜓草地連綿不絕，景色怡人，但沒什麼趣味。「難怪小豬決定在水壩旁邊蓋村莊，這一帶實在太無聊了。」

她邊走邊回想在田鼠家的事。她聊得很盡興。她離開前，在房間裡留了一點錢給他們，當成致謝的方式。

小豬蓋房子讓人們居住，收取租金。租金不時調漲，房子的價值也跟著漲。

除非國王決定在你的房子旁邊蓋污水處理廠，屆時你就得調降租金，吸引那些沒有其他選擇的人。即使窮如田鼠，也不想住在臭沼澤旁邊。

她也想到巨人。巨人向過橋的人收過橋費。她知道森林其他地方也有收費道路。有些巨人蓋了水壩，向用水的人收費。跟小豬一樣，巨人擁有他人想使用的資產，而使用者就得付費。

她並不想自己蓋一座橋，投資倒是可以。她只想快快通過臭沼澤，巨人提供了一條途徑，是好事，不過，蓋橋的應該要是國王啊，畢竟是他先讓沼澤

變臭的。

　　邊走邊想這些事情，時間似乎過得更快了。不到午餐時間，她已走到草地盡頭。她停下來休息，吃昨天剩下的波麗茶屋特製三明治。

　　接著，她踏上前往天邊遠山的漫漫坡路。這段路比較難走，卻也比較有趣。蜿蜒草地走來輕鬆，但缺少有趣的東西。現在隨著坡路蜿蜒，視野更寬廣、空氣更清新，觸目所及的景象更振奮人心。

　　她晃進一座很大但明顯廢棄的城鎮時，已是傍晚時分。有家雜貨店店門以釘子封住，還有許多房子，可是街道上空無一人。

　　突然間，她見到三隻巨大的老山羊。他們正在修整灌木叢和草地，看見高蒂拉，他們停下手邊工作。每一隻山羊都戴著棒球帽，上頭以金線繡著「青青園藝社」的字樣。

　　「你們一定就是山羊了。貓頭鷹要我來這裡找你們。我昨天還遇到你們的老朋友巨人先生。」

　　「那個巨人不是我們的朋友，」山羊說，「貓頭鷹也不是。你是誰？你想要什麼？」

　　這和她在田鼠家受到的待遇完全天壤之別。貓頭鷹警告過她，山羊的確很會擺臉色。

　　她沒別的地方可過夜，因此決定假裝他們對她很友善，說不定願意讓她過夜。她自我介紹，說正在進行產業與房地產觀察之旅。山羊家沒電視，不知道她童年時期的冒險故事。

　　她也表明需要過夜的地方，會樂意付費。

　　他們似乎對她的故事感興趣，表示歡迎她留下來。事實上，她可以待在任何一間中意的房子裡，不須付錢。沒有人會再付費停留此鎮，三隻小豬和他們簽的約只是要看管這個地方。

　　山羊又仔細盤問巨人跟她說過什麼。他們經營「青青園藝社」多年，幫人整理草木、清掃庭園。

「你們怎麼處理花園的垃圾？」高蒂拉非常感興趣，這兒幾乎見不到垃圾。

「吃下肚啊。」最大隻的山羊驕傲地說，「這是我們做這門生意的競爭優勢，不需要機械設備，沒有廢物處理成本。我們的排泄物完全能被生物分解，可以說相當環保。」

高蒂拉懂了，吃這種東西，難怪他們的聲音粗啞。她也很高興自己帶了糧食來，完全沒興趣吃他們的食物。

「我們從不停下來用餐。我們太忙了，連吃飯時間也在工作，這是我們另一項競爭優勢。」

高蒂拉環顧四周，越來越困惑。這裡的屋況真的很好，事實上比田鼠住的水壩那邊還好，小豬卻付錢給山羊住在這裡看管。沒人付租金！也許山羊能解釋一下。

「這個地方叫天邊遠山，可不是叫假的。」大山羊說，「我不曉得你為何大老遠跑到這裡觀察產業和房地。這裡沒有任何產業，也沒人想住在這麼偏遠的地方。

「不過，從前礦坑還在運作時，情況大不相同。在礦坑裡工作算是好差事，在老礦坑裡只要挖到一點寶石，就能換一大筆錢。當年這裡可是人滿為患。

「甚至還有一間供膳的小旅社，住了七個礦工。他們都是友善的小傢伙。」

「小豬說他們是礦工。」聲音聽來最沙啞的小山羊說，「但有人猜他們長期失業，而那個地方實際上是神仙教母的『工作福利計畫』之一。

「他們都叫其中一個人為『萬事通』，他顯然是頭頭。其他人不是躁鬱、嗜睡、害羞、少一根筋，就是愛打噴嚏、有個醜醜的紅鼻子，還有一個總是興奮過頭。

「有一陣子，他們有個漂亮的小管家，後來她吃了毒蘋果，生了重病。」高蒂拉知道這個故事，好奇地想前往事發現場一探究竟。

「當時，小豬光是收房租就賺了不少錢。」身型中等的山羊說，他的聲

音沒小山羊那麼沙啞。「他們那時候也可以賣掉房子大賺一筆，可是他們太貪心了，一直拖著不賣，現在只能等哪天有人想再搬進來。」

和山羊聊天不如田鼠輕鬆。才過一會兒，她就受夠他們的聲音。總之，高蒂拉累了，爬了一整天山路，她飢腸轆轆。這座維護得宜的空城令她有點焦慮。

她挑了間比較好的房子，發現山羊真的維護得很好。從陽台望出去，景色秀麗，有白雪覆蓋的山峰，還有令天邊遠山遠近馳名的幽綠深谷。

她躺著休息。沒想到這些蓋在如此優美環境的可愛小房子竟然一文不值！她也想到住在臭沼澤邊的巨人竟然還得付租金！他一定寧願住這裡吧？雖然住這裡也解決不了他缺乏女性陪伴的問題，但基本上這個問題無解。住在這裡好多了，可是他會無以維生。

住在臭沼澤，巨人至少能向過橋的人收費。

她領悟到，**房地產的價值，跟人們可以就近獲取什麼之間，一定有某種關連。**或許房地產這門學問不如她啟程前想的那麼簡單。

隔天，山羊問她要不要吃東西，但她婉拒了，說自己還有一點。他們祝福她一路順風，又回去工作了。其實他們的脾氣沒傳聞中那麼壞。

山路難走，從山丘一路陡降，直及深谷，谷底有條湍急河流。山峰山谷的景色多變，各有其姿態，互相襯托對方的存在。

「自然之母在這裡創造出美麗的山谷，應該是個居住的好地方啊。」

接著她想到附近沒有產業，真要在這兒蓋房子，何其困難。陡峭的山壁連走路都難了，何況蓋房子。沒辦法，儘管景色優美，就是無處可蓋房子。

走出山谷後，進入平緩的坡道，她查看貓頭鷹給的地圖，發現豬景高地就在不遠處。對於要見到王儲，她感到些微緊張。她在幾英里遠外，就看見村落。

這裡的房子雄偉，村落占地廣大。路上都是人潮，看起來身家富裕。他們身穿流行剪裁與上好布料縫製的高級衣服，高蒂拉覺得自己一身寒酸的旅行裝備，格格不入。

人人自信地高聲談笑。相對於田鼠的膽怯、巨人和山羊的具侵略性，完全天差地別。

許多人在人行道咖啡座與小酒館消磨時光。這裡也有波麗茶屋和BBC超市，比其他分店都要高級。建築物看來經過精心設計，以昂貴自然建材構築而成，硬體設備品質較好，空間也比其他分店寬敞。

整個地方都很漂亮，但她沒想到從豬景高地看到的景象更是美得令人屏息！豪宅沿山崖而建，面朝開闊空間。高蒂拉猜想這塊空地應該是特地保留給人們欣賞美景的。

從所在位置，她看見源自深谷的湍急河流順著地勢形成一階階瀑布，流下平原。河水蜿蜒，河道變寬，流速變慢。河流在豬景高地下方轉了個大彎，流入遠方的密林。

這個大河彎的水岸邊，有座美麗村莊，一棟巨大建築物位於制高點。不知那建築物有何用途？

豬景高地範圍太大，無法逐一詢問哪間才是青蛙王子的住處。她向一個看起來友善的居民問路，循著對方的指引，來到肯定是森林中最好的地點。王子的宮殿好壯觀，是她這輩子見過最大的房子。後花園直通懸崖邊緣，遠方的河川與瀑布一覽無遺。

安檢站有兵士站崗。他們派人到宮裡通報，然後護送她到前門。她很驚訝接待她的不是王儲，而是他的雙胞胎弟弟。

「我不住在這裡，」萬人迷帶她到社交廳的時候說，「我只是過來拜訪。我必須承認，哥哥告訴我有名的棕熊女孩要來訪時，我有點好奇。」

由於知道萬人迷的真面目，高蒂拉對於他的出現極度不自在。他長得很賞心悅目，但名聲糟透了。她擔心他會給她穿國王的新衣。

「經過長途跋涉，你一定累壞了。和我哥哥見面之前，要不要躺一下休息休息？」

「不用了，謝謝！」高蒂拉一點也不希望萬人迷還在屋內時躺下。

看不出王子對於她拒絕「躺一下」的提議是不是感到小失望，他反而把手伸進口袋，拿出禮物給她。

看出她想拒絕，王子趕緊開口說服她。「我只是覺得你會喜歡留個紀念品。真的不貴重。我自己做的。」

高蒂拉拆開禮物，發現是一條拋光紅石項鍊。「我很開心，」她說，「但真的不能收下──太貴重了。」

「沒這回事，」王子回應，「又不是鑽石或特別珍貴的東西，只是一顆打磨過的石頭。我有很多。這是我的嗜好之一。

「這稱為寶石工藝，十分有趣喔。好的石頭，就要看它的光澤及節理，我對這兩件事情可是很在行。」他調皮一笑，高蒂拉也忍不住笑了。

「謝謝你，項鍊很漂亮，我很開心。」

王子也很自得，離開前，他請侍者帶高蒂拉到房間去。房間的華麗令她驚嘆 不已。她在房間內休息了一陣子，直到有人通知她去用餐。

王儲歡迎她的時候侷促不安，似乎很緊張，但是為人非常好相處。

他把她介紹給妻子認識，王妃是鄰國的公主。他也介紹她給三個兒子認識，三位小王子名叫佛烈多、佛吉、法蘭茲，他們整晚循規蹈矩，只不過有個怪習慣，眼珠子會一直追著蒼蠅打轉。

他們很早就吃晚餐，在花園裡看著日落在廣闊的平原上。高蒂拉聽著他們故事的第一手版本，和官方版雷同，卻依舊動人。這是個戰勝巫術的故事，因有所準備去冒險而獲益。

青蛙王子坦白說：「我不會當面告訴壞巫婆，但從很多方面看來，她把我變成青蛙其實是幫我一個大忙。雖然我必須承認當時並非那麼想。

「我是長子，是王位繼承人，但沒有人對我感興趣。我弟弟長得比較好看，比我外向，懂得逗人開心。他擄獲所有的注意力。漂亮女孩只想與他共舞。我一直很嫉妒他。

「變成青蛙，讓我了解許多人面對的問題比我自己的更艱辛。有了這樣

的經驗，我會成為更出色的統治者。

「我找到美麗的公主，她不止幫我破除魔咒，也願意成為我的妻子。她和我弟弟相處得很好，卻表示寧可選擇我，因為我弟弟讓她變得有些神經質。

「所以現在我擁有一個男人想要的一切：在森林裡扮演一個重要的角色，有個快樂的家庭。一切都變得很美好。」

青蛙王子以深沉的嗓音訴說變成青蛙的那段日子，說當時從河岸那邊看過來，這個地方多麼美好。

「我那時候總坐在睡蓮的葉子上，凝望這些好房子。我對自己許諾，如果有位公主把我當成伴侶，破除我的咒語，我就要住在這座山脊。我的妻子一向錦衣玉食，一聽到這房子要賣，我就立刻買下。」

高蒂拉把自己的旅程告訴他們，包括貓頭鷹如何安排行程、要她注意一路上看到的商業活動、從三隻小豬和一路上遇到的人身上學習房地產投資。

她也表示這裡是所見過最棒的房子，猜測他們一定付給小豬大筆租金。她在這趟旅程和之前與貓頭鷹的會談間，只聽過別人向小豬租房子。有些人是因為必須如此，有些人，包括貓頭鷹，則是寧願如此。

「我們只向小豬租了幾個月，就決定買下。」王子打了一聲嗝，「這棟房子太好了，不能只用租的。

「我告訴小豬我想買下，還提出當年森林內住宅的最高價格。少有其他地方像這裡這麼好。不必工作的有錢人喜歡本地的平和寧靜，餐廳的美食無懈可擊，景色美得令人難以置信。想住在這裡的人總是比這兒的房子多，房價只會持續飆漲。」

高蒂拉多希望這個夜晚不要過去。她告訴王子，自己最喜愛收藏皇室紀念品，王子便送給她一張簽名的全家福照片。

「明天你不需走多遠，」王儲的聲音低啞，「跳個幾步，就到了河岸邊的大房子。三隻小豬就住在那裡。頂多走兩小時就到了。」

「河岸的大房子是三隻小豬家？」她感到驚訝。王子緩慢點頭，露出的

雙下巴讓他看來像一隻蟾蜍。「我以為那是教堂或集會場所。」

王子只是微笑，再次點頭。「你上床睡吧。明天早上，我們會幫你打點。」

高蒂拉雖然想睡，但很興奮。終於要見到小豬了，而且她終於找到不屬於小豬的房子了。她發掘許多擁有房地產的矛盾之處，期待三隻小豬能為她解惑。

隔日早晨以美味破曉。用過豐盛早餐，接受眾人夾道祝福之後，她下山走往河岸。

11

三隻小豬

房地產投資的基本原則：地點、稀有性、當地產業的可利用性。好房客非常重要。借錢來買房地產。

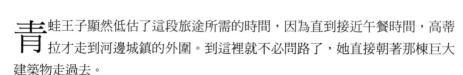

青蛙王子顯然低估了這段旅途所需的時間，因為直到接近午餐時間，高蒂拉才走到河邊城鎮的外圍。到這裡就不必問路了，她直接朝著那棟巨大建築物走過去。

她見到迴廊上坐著三隻全世界最壯碩的小豬，他們都穿著豔麗的連身工作服，一隻穿紅色、一隻穿黃色，還有一隻穿綠色。三隻小豬正盡情聊天。

見她趨近，綠小豬開口：「你一定是高蒂拉。我們剛剛才想，你差不多該到了吧。」

「一定搞錯了，我是要來找三隻小豬的。對不起，無意冒犯，不過你們著實嚇到我了，因為你們看起來實在不小啊！」

三隻小豬噗哧笑了出來，還說別人的確經常有這種反應。

紅小豬細說分明。「這要從我們剛進入房地產，開始學習磚頭和灰漿的訣竅開始說起。那時我們的確很小，而且什麼都不懂，花了一段時間才學會所有房地產的訣竅。但現在我們經驗可老到了，再加上景氣不錯，所謂『心寬體胖』，就成了這副模樣。雖說如此，但三隻『小』豬的名號已經被叫慣了，所以我們現在還是繼續當三隻壯碩的小豬！」

紅小豬確認高蒂拉來訪的目的。「貓頭鷹告訴我們，你想要學習投資房地產？他還把送你上路那段旅程告訴了我們。他真是聰明，果然是我們所認識的貓頭鷹！」

高蒂拉同意這趟旅程的確收穫良多，也告訴他們，和田鼠過夜那晚實在很棒，還有巨人水壩旁那個村落的景致也很迷人。至於那些老山羊，盡忠職守、表現優異，將老鬼鎮維護得非常好。

三隻小豬聽到這些消息非常高興。他們現在很難得有機會去天邊遠山那一帶，聽到老山羊將那兒的房地產維護得很好，真令他們開心。

高蒂拉告訴小豬，她也去了「豬景高地」，和王儲青蛙王子一家人共度了一夜。她告訴他們，她從來沒見過這麼美麗的地方。

大致說來，走了這趟後，她對森林的經濟狀況瞭解更多了。她也看到了

各種不同的房地產，更急於向小豬學習投資房地產的心得。

紅小豬說：「有太多可說，晚餐之前恐怕還說不完。不過可別急過頭，我們連午餐也還沒吃呢，我們可不喜歡跳過正餐喔。」此話一出，三隻小豬噴息哼哼大笑。

「我們可不喜歡跳過正餐喔。」黃小豬繼續揶揄自己，增添歡樂氣氛。

「今天沒什麼特別好吃的，就是一般的豬食。」黃小豬看見那一大盤開胃菜，咯咯笑著說。

「那我們就從與利率有關的投資報酬開始談起吧。」綠小豬對紅小豬說。

紅小豬恭敬不如從命，告訴高蒂拉，烏龜目前提供百分之五的利率給放錢在他龜殼裡的人，但是如果要向烏龜借錢，就得付百分之七的利率。他們投資房地產時，就設定每年要把錢放在烏龜那兒多賺百分之五，這樣才能分擔某些房地產投資不順利的風險。

聽到這裡，高蒂拉覺得他們的資訊和貓頭鷹提供的差不多。投資於房地產或股票的獲利率，都要高於把錢存在烏龜那兒所得到的利息。

紅小豬這番話，更證實了在烏龜付給別人百分之五利息、卻收取百分之七的狀況下，他們希望房地產的總報酬率能達到百分之十。如果利率提高，當然就要賺更多。他們的投資報酬，有些來自租金，其餘則來自房地產的增值幅度。

「長期來看，物價會節節高升，我們收取的房租也會漲。」紅小豬說。

「就像堅果和莓果的價錢也會漲。」高蒂拉順勢補上這麼一句。

「嗯……是沒錯啦。」紅色小豬被突如其來的這句搞得有點迷糊。「堅果、莓果，還有各種吃的，東西可不少呢，這些都會漲價。」

「事實上，我們才剛要開始吃飯而已啊。」綠小豬說完就搖搖擺擺走到廚房，回來時手中端了一碗食物。「現在是主食，肉和馬鈴薯。」他大聲宣布。

紅小豬拿了自己的份，然後繼續傳授生財之道。

「多數的房地產價值與所收到的租金直接相關。如果房租隨著通貨膨脹上揚，我們會期待淨租金能有該房產價值的百分之八。所謂淨租金就是扣除維修成本、未來整修等等費用之後，所剩下的租金。如果能有百分之八的淨租金，再加上跟著通貨膨脹所上漲的幅度，應該就很有機會得到我們期望的百分之十報酬率。」

「為了獲得百分之八的淨租金，我們所購入的房子，房價不能超過每年淨租金的十二倍。當然啦，**如果房租上漲，通常房子的價值也會跟著漲。**」

「如果利率上漲百分之二或三，我們也會希望總投資報酬率能有類似幅度的增加。通常能達到這種目標的唯一方式，就是以較低的價格來取得或建造房子。」

「告訴她，有些房地產的增值幅度遠大於通貨膨脹呢。」黃小豬要紅小豬多說點。

「我就要說了，急什麼急啊。」紅小豬被這麼一打岔，有點兒不高興。「能不能讓租金漲幅超過通貨膨脹，就要看與潛在房客數量相比，出租房子的數量是多還是少。」

有些房子的房價上漲速度，遠超於通貨膨脹的速度，例如他們賣給青蛙王子那棟位於「豬景高地」的房子就是。這種房子不止舒適、能遮風避雨，還有額外價值。無敵的美景、絕佳的地點、數量稀少，都讓房子的價值隨著時間而巨幅增長。想住在這種房子的人，遠比想住一般房子的人多更多。

對於這種房子，小豬通常願意收取更低的租金，也或許願意付租金的二十到二十五倍來買這種房子，因為他們有信心，這種房子的額外增值空間，絕對能彌補高房價與原本房價之間的差距。

「豬景高地」可說有絕佳位置，那裡的租金和房價持續成長，人口也一樣持續增加。或許人口與租金之間不一定有對應的動態關係，但人口增加的地方，租金自然能調漲。

小豬一直在森林樞紐區蓋房子或買房子，此區是森林王國的重要商業中心，許多人紛紛離開小鎮，往此區聚集。

人口成長的地方，價格就由眾人所能支付的金額來決定。小豬發現，如果薪資成長率高於通貨膨脹率，那租金的漲速就能比通貨膨脹的速度快。

同樣位於森林樞紐區，不同地點也會有差異。有些地方就比其他地方更熱門。高蒂拉想起了她到郊外時看見那些位於山頂的房子，不僅視野好，還有大窗戶與陽台，能將優美景色盡收眼底。

小豬說，**視野好的地點，可以吸引那些所得成長速度高於一般百姓的有錢人。當然，這些房子的價格，就比勞工階級那一區的房價成長更快速。**

但紅小豬提醒高蒂拉，這也可能只是一種假象，因為較高的房屋維修成本，以及搬到這種高級區的費用，都可能超出房價的漲幅。現在小豬比以前買更多豪宅，蓋得也比以前多。這些高級住宅區的人，想要住更好的房子，不過勞工住宅區的人也是。

「我們早期蓋的那些房子實在滿爛的，」紅小豬坦承，「隨便一吹就垮了。」

他們提到當年野狼稅務官以為他們逃稅時，也曾對他們說過這種話。

「那野狼真是個齷齪的傢伙。」綠小豬插嘴。不過對這句話，大家一致贊同。

如果不是位於好地點、或者所在區位的人口數量增加，長期來看，很少會有房地產的增值速度高於通貨膨脹速度。

高蒂拉把話題轉到他們位於巨人水壩旁的房子，三隻小豬都認為這的確是個好例子。鄉村地廣人稀，當然別想期望房價趕得上通貨膨脹的速度，若碰上人口減少，甚至可能連租金也漲不了。

還好，水壩邊那區還算不錯，房子租得出去，比其他鄉村地區好。巨人水壩附近雖然不缺地，不過也沒多少空地可利用了。為了容納其他房客，小豬勢必得再蓋新房子，所以這地區的租金通常會隨著建築成本而增加。

　　紅小豬又說，如果他們認為租金漲幅只能與通貨膨脹差不多，他們就會把要買或要蓋的房子的成本控制在年租金收入的十二倍。這樣一來，即使租金完全沒調漲，房地產的投資報酬也能比從烏龜那兒得到的報酬高。如果租金能調漲，那漲的部分就是他們的紅利，承擔投資風險所得到的獎賞。

　　人口快速成長的地區，租金的調漲速度也會比通貨膨脹快。

　　森林購物中心就是個好例子。這是三隻小豬最喜歡的房地產之一，地點絕佳，又是該區地標，幾乎不必擔心未來會被取代，因為它的腹地太廣大了，競爭者得把市中心許多建築物鏟平，才蓋得出能與之匹敵的購物複合商城。

　　「或許可以連王宮一起鏟平呀，」黃小豬說，「如果等到萬人迷王子在裡面時再下手，或許有些人更會拍手叫好呢。」

　　這句話惹得大家哈哈大笑，不過大家都知道，把王宮鏟平是個爛主意，因為有王宮在這裡，才會有那麼多觀光客來他們的購物中心「血拼」啊。

　　購物中心實在太受歡迎，所以小豬能趁著店家業績大好時，順勢調高租金。而且隨著人口愈來愈多，樞紐區的財富逐漸成長，購物中心的生意也愈來愈興隆，即使租金偏高，又三不五時調漲，也不愁店面租不出去。

　　高蒂拉知道，小豬也擁有貓頭鷹辦公室所在的那棟大樓。紅小豬說，這的確是另一樁成功的房地產投資。地點是不錯，但投資潛力不像購物中心那麼好。森林裡不乏新建的辦公大樓，有些人喜歡承租最新的辦公室。**為了讓房地產維持其價值，必須設法吸引房客的青睞。**

　　說到貓頭鷹辦公室那棟大樓，小豬剛剛收到通知，「難題怪咖雪貂公司」說不再續租了，因為他們的會計師和精算師需要更多空間，而有人專為他們蓋了另一棟辦公大樓，空間足以容納所有員工。

　　少了「難題怪咖雪貂公司」這家客戶的確是個打擊。他們是非常好的房客，因為生意做得很好，所以租金從來不會出問題。紅小豬強調，**找到好房客，是房地產投資的最重要竅門，這個訣竅適用於所有房地產。**

　　地點好、人口增加的地段，比較容易找到好房客。在這些地段，小豬有

更多機會挑選到好房客，至於貧窮的區域或房子需求不高的地方，對房客可就無法這麼挑剔了。

少了「難題怪咖雪貂公司」，貓頭鷹辦公室所在的那棟大樓就空出了一大半空間，現在可能得降低租金才能找到足夠的廠商進駐。

「還有，別忘了告訴高蒂拉，這可能意謂著這棟大樓的房地產價值會下跌喔。」綠小豬補充了這句。

說到這點，三隻小豬的臉色都變了，還正好跟他們身上的工作服顏色類似呢。紅小豬說，租金下跌是所有房地產投資人的噩夢。

「這就跟穿內衣去參加兒子的婚禮一樣可怕。」黃小豬開玩笑說道。**租金下跌，房地產價值就會跟著跌**。尤其辦公大樓更容易發生這種狀況，除非所在地段非常好，而且該大樓的擁有者將大樓維護得很好。

若預見那地段的成長潛力不大，或租金可能會逐漸下跌，小豬一開始就會設法取得較高的房租，以確保本金可以回收並獲得合理的投資報酬。

紅小豬特別提起天邊遠山的老鬼鎮。

「我們認為天邊遠山的礦場會營運個二十年，但礦場關閉後，沒人住在那裡，那兒的房地產就會一文不值。**如果房地產無法孳生任何所得，那房地產就毫無價值了**。所以，為了讓投資成本得以回收，我們就必須每年多收百分之五的租金，再加上本來就期望的百分之八。二十年之後，每年多收的百分之五就足以回收當初投資的成本，所以即使到時候房子不值錢，我們也已經把錢賺回來了。我們甚至在一開始前幾年，就設法讓租金高一點，因為我們知道，隨著礦場一天天接近停工，我們就更難收到高租金。我們很幸運，辦到了。」

「這些租金不完全是礦工付的。礦場老闆本來就需要找地方給礦工住，會補貼房租，不過租金補貼也沒能撐多久，因為礦場比我們預期的還早關閉。」

綠小豬補充：「**要小心那些具特殊用途的房地產，一旦那用途消失，房地產就會一文不值。**」

高蒂拉聽在耳裡，覺得似乎連小豬都犯了這個錯。他們明明知道礦區的房子具特殊用途，卻仍繼續持有並維護那些沒有價值的房子。她挑明了直接問他們怎麼會犯下這種錯誤。

綠小豬想要反駁：「喔，那些房子也替我們賺了不少錢啊，早期可收了不少租金呢，而且好幾年前就已經回本了呀。

「我們唯一的錯誤，就是沒有在租金最高時賣掉房子。當時有人願意出至少每年房租的十二倍來買呢，雖然那些房子只能再撐個六、七年。就是有人不懂得拿起計算機按按數字。」

紅小豬接著說：「我們不賣，是因為我們覺得國王會認為我們賺這種錢很不道德。他不喜歡那些狠削一筆的商人，除非是替國王工作，例如野狼稅務官那種。

「此外，那區還有其他礦場，一旦新礦場開採，我們的房子又可以租出去啦。」

至於臭沼澤那些房子，小豬可就沒那麼樂觀。在沼澤變臭前，那裡可是很受歡迎的住宅區，輕輕鬆鬆就能找到房客承租。不料國王竟把沼澤變成污水處理廠，搞得人人避之唯恐不及。他們現在只有一個房客，就是巨人。他選擇住在那裡，是因為他不得不住在那裡。

談到臭沼澤，他們想到該把最後一道菜清一清了。「有人要乳酪嗎？」綠小豬拿走碗盤時，問了大家。

紅小豬發出嘖嘖聲：「這太棒了，最好再來杯波特紅酒。」紅小豬非常喜歡吃乳酪配波特紅酒，想到這美食，就讓他忘了臭沼澤的悲劇，轉而說起他最愛的「豬景高地」。

紅小豬告訴高蒂拉，如果房子所在的地點很好，數量又不多，那麼房價就會快速高漲。豬景高地那塊眺望美景的斷崖處，可利用的土地不過就那麼多，很難蓋得出同類型的房子，所以在這麼特別的地點，房租就能漲得比通貨

膨脹的速度快。

「如果豬景高地的房子對你們來說這麼重要，」高蒂拉問，「那你們幹麼把其中最好的一棟賣給王儲呢？王子說，那裡的房子一定還會持續增值。」

「好問題。」紅小豬回答，「不過我們盡量不去想這問題。不是我們對賣價不滿意，只是，**既然我們改變不了過去所做的決定，那現在唯一能做的，就只有做出正確的新決定。**當年王子出了那麼高的價錢要買，如果我們不答應，真說不過去。」

「反正現在我們也對自己說不過去了。」黃小豬插了這麼一句話，惹來紅小豬和綠小豬的白眼。

不受黃小豬干擾，紅小豬繼續解釋：「我們以租金的五十倍價格賣了那棟房子，獲得百分之二的利潤。有了這筆青蛙王子付的錢，我們才能去買其他讓我們有百分之八租金報酬的房子。光是每年租金就多了百分之六。要達到這種投資報酬率，以王子買下的那棟房子來算，可得在未來十年內增值兩倍才收得到呢。」調高其他房子的租金之後，他們算出了這個結論。

「我們覺得這樁交易很不錯，其實王子也算賺到了。」紅小豬說，「王子擁有很棒的房子，而且再也不用付房租。**房地產投資最棒的一點，就是不需要有輸家或贏家，每個人都可以是贏家。**」

高蒂拉說到豬景高地的懸崖邊有大片空地可利用，那裡沒有任何建築物，她還曾在那裡眺望美景。她搞不懂，既然那的房子這麼值錢，為什麼會有那一大片地空在那裡？

「那塊地是我們的。」綠小豬邊說邊將一大塊乳酪吃光。「沒有我們同意，誰都不能動到那塊地。」

高蒂拉還是覺得沒道理。「你們說，房地產的真正價值在於房子孳生的租金收入。事實上，你們也說過，如果房子不能孳生租金，那房子就沒價值。既然如此，為什麼你們還去買豬景高地那片空地？按照你們的邏輯，不是應該賣掉那塊空地，另外購買可以孳生租金的房子嗎？」

「聽你說出這句話，」紅小豬說，「就看得出你有潛力成為成功的房地產投資人。」

紅小豬告訴高蒂拉，她說得沒錯。無法孳生租金、也沒有潛力孳生租金的房地產，是沒有價值的，所以幾乎不必花什麼錢就能擁有臭沼澤那一區的土地，想有多少就有多少。

對小豬來說，擁有豬景高地那塊空地，是一種投資戰略。那塊地非常重要，因為他們有太多錢押在豬景高地這塊區域，必須透過掌控該區的土地供應量，以保護他們在該區房地產的價值。

最近他們才買下了那塊空地旁的一些房子，打算把那些房子連結在一起，改建成豪華旅館。說到這令人興奮的計畫，三隻小豬忍不住齊聲哼唱出歡樂三部曲。

「這肯定是很棒的計畫，」綠小豬得意洋洋，「或許你也會有興趣投資喔。」

沒錯，高蒂拉的確想。她在豬景高地親眼見到那儷人美景，她很確定在那兒蓋旅館一定會成功。

紅小豬把話題轉回那塊空地。他說，他們不會無來由地買下一塊空地，肯定是另有打算。

「一般來說，**好地段的土地，也會和出租房地產具同樣的增值潛力，因為它們具有孳生租金的潛力。**不過我們還是喜歡能孳生租金的房地產，因為可以同時獲得租金，也能享受到房地產增值的好處。」

「別忘了，還有維護和整修的成本。」綠小豬又插嘴了，他覺得紅小豬忘了這件重要的事。

紅小豬同意，「你絕對不能忘記，擁有房地產還得準備些費用成本，這些成本一定要考慮進去。我們所收的租金，可不能全放到口袋中，有些房子特別需要維護或整修。」

他進一步解釋，房地產投資的重要關鍵，就是找到並留住好房客，這也就是說，他們必須把房子維護得非常好。一般來說，房客負責的是平常的維護工作，他們有責任保持乾淨，整理庭院。然而家具、水電等設備若因為正常耗損出現問題，身為房東的小豬就得負責修繕。房客搬走，還得再花一筆錢換新家具，才能吸引到新房客。

房子一定要維護，不然就會變得破落。有些房子需要高度維修，或者得經常整修「拉皮」，才能永保新穎，辦公大樓、購物中心、旅館等更是如此。出租這些房地產的淨租金，每年必須多個百分之一、二，才能分擔額外的維護開銷。

紅小豬告訴高蒂拉，森林購物中心就得做很多維護工作。他們在很多新興郊區也擁有許多購物商場，高蒂拉曾搭巴士經過那些地區。如果小豬讓森林購物中心沒落，大家就不會特地跑遠路來樞紐區購物了。

現在高蒂拉明白了，投資房地產也會面對許多風險。「做什麼都有風險。」她說。從頭到尾幾乎都是紅小豬發言，不過其他兩隻小豬也不在乎全由紅小豬開講，他們正好趁機會大快朵頤。

紅小豬同意高蒂拉說的，還補充說，有些人以為靠房地產賺錢很容易。「他們以為可以隨便買間房子，找來房客，然後等著鈔票掉入口袋。」

如果他們撐得夠久，或許可以這樣賺到錢，但是如果他們花點心思去瞭解房地產的投資世界，或許還能賺更多。

「我們就喜歡這種業餘的投資客，」綠小豬激動地說，「他們看到某地方的房價高漲，就以為這是個容易的致富之道。通常他們會在一般人認為某個投入房市準賺錢的時機進場，去買一些根本不該投資的老舊房子。」

「房價通常有個循環，」紅小豬解釋，「每間房子都有合理的價位，不過很多時候，精明的投資者能夠以較低價位買到房子，而且操作得非常好，他們都是趁著大家認為房市不值得投資的時候進場。」

「有些時候，某些房子的價位會超過合理價，甚至喊到年淨租金的五十

倍。過高的房價通常是房市過熱造成的。」

　　紅小豬承認，早年他們經常就是造成房市過熱的那一類投資者，也因為如此，他們才會當「小」豬那麼久，不然早就大發一筆變成巨豬了。

　　他說，他們現在不會投入這樣的市場了，反而挑在房市過熱的時候考慮賣房子。他們甚至會把賣屋所得先放在烏龜那裡，等到房價降到正常水準，再重返房市，買下能提供他們想要的投資報酬的房地產。這種逆向操作，反而可以讓他們比之前更有錢。

　　高蒂拉對小豬的表現非常讚賞，到目前為止，只有一個地方她去過、而那裡還不屬於小豬，那就是王位繼承人的鄉間別墅。她問小豬，他們怎麼能擁有這麼多房地產。

　　「這不全靠我們自己的錢，」綠小豬說，「用別人的錢，就能擁有更多房地產。」

　　紅小豬點點頭。「沒錯，我們有很多方法可以弄到錢呢。」

　　他告訴高蒂拉，森林裡有很多人想投資房地產，卻又不想直接涉入。他們知道，想要成功投資房地產，就得親自「下海」搞得髒兮兮。有些人喜歡親自參與投資，有些人不喜歡。

　　「那些想投資於好的房地產，卻又不想直接參與的人，通常會投資我們。」紅小豬說，「他們相信我們會做得很好，所以就把資金聚集起來，讓我們替他們投資。」

　　「我們當然會收費。」綠小豬說，還邊塞了一堆食物進嘴巴。

　　「有時候野兔會讓投資者集資，把錢交給我們來處理。」黃小豬補充，「他們那些人多半喜歡投資於企業，買企業的股票，不過有時候也想有租金可以收。」

　　高蒂拉想起九月兔曾說過共同基金。他說，自己可以不是理財專家，讓經理人的專業來替你賺錢。小豬似乎就像這類她願意把錢交由他們投資的經理

人。

紅小豬繼續解釋，他們經常會借錢來購買房子或開發房地產。「有時候向烏龜借，有時候直接跟相信我們會還錢的人借。這些人滿聰明的，因為我們付給他們的利息，絕對比他們把錢透過烏龜放貸出去而獲得的百分之五利息還多。」

高蒂拉心想，這主意聽起來也不錯。她喜歡小豬，他們碩大的體型讓她很有安全感，他們也知道自己在做什麼，所以她的錢如果借給小豬，應該會很安全。她可以再考慮看看是否要將錢直接借給小豬，或許可以問問貓頭鷹。

正當她思考時，紅小豬說了些什麼，她沒能注意到，最後就只聽到黃小豬說該吃甜點了。黃小豬從廚房出來時，手裡多了一盤圓麵包和派餅。

紅小豬繼續說：「事實上，向人借錢，反而可以增加我們的報酬率，因為只要我們買對了房地產，投資房地產的報酬就會高於我們必須付給別人的利息！」說到這裡，紅小豬深思片刻。

「訣竅就在於投資精華房地產。還有，也給這塊派餅來點最棒的精華吧，來塗點奶油。沒錯，這就是我們需要的。」

「或許這個例子可以幫助你瞭解。」紅小豬在紙上快速寫了一些數字。

房地產的買價	100,000
借來的錢	-60,000
我們投入的錢	40,000
租金（100,000的8%）	8,000
付出去的利息支出（60,000的7%）	-4,200
每年淨租金	3,800
投資報酬率（3,800/40,000）	每年9.5%

借錢投資不僅提高了租金報酬率，也能讓資產價值成長。

如果通貨膨脹率是百分之二，房價漲幅與通貨膨脹一致，那就表示房價每年會漲百分之二。如果以房價全額來看，投資報酬率每年將近百分之十，但是如果以小豬所投入資金的淨報酬率來看，每年的報酬率就更高。

一般房地產增值幅度（每年100,000的2%）	2,000
小豬房子的增值幅度（2,000/40,000）	每年5%

借錢投資，讓小豬的投資報酬率從百分之十提升到百分之十四‧五（百分之九‧五的淨租金報酬率，加上百分之五的增值幅度，等於百分之十四‧五）。

這種操作手法看起來已經夠聰明了，但如果要借錢來投資房地產，小豬得獲取更高的投資報酬率才划算。如果租金報酬抵不上利息成本，那這種投資就不夠聰明——房地產買貴了，可能就會有這種結果；或者，如果租屋市場的供給量大於房客的需求量，租金就無法如預期調漲，此時房地產投資就會失算；或者，借錢該付的利息無預期調升時，投資績效也無法讓人滿意。

紅小豬解釋，如果利率升到百分之十，那麼利息成本可能會超過租金收入。這時借錢投資房地產的收入所得，可能就無法像沒借錢來投資那麼好。

利率走高，大家就不想花那麼多錢買房子，尤其當人口沒有增加時。在這種狀況下，房價就會一直跌，直到連利率也下跌，但這段期間，租金可能會上漲。

高蒂拉之前就聽過這些，或許投資股票或投資房地產的道理雷同吧。當利率走高，這兩種投資的績效都不會太好。「借錢來投資，就得承擔更多風險。」她心裡這麼想。

紅小豬繼續說明在利率走低時借錢買房地產的狀況。假設你買了一些房子，你認為這些房子很快就會增值。

如果這些房子每年租金報酬率是百分之四：

房地產的買價	100,000
借來的錢	-60,000
我們投入的錢	40,000
租金（100,000的4%）	4,000
付出去的利息支出（60,000的7%）	-4,200
每年淨租金	-200
投資報酬率（-200/40,000）	每年 -0.5%

　　如果借錢來買房地產，你就必須獲得更高投資報酬率來分擔風險。這種狀況下，房子的增值幅度必須為通貨膨脹的三倍，才能獲得預期的投資報酬率。

一般房地產增值幅度（每年100,000的6%）	6,000
小豬房子的增值幅度	
（一般漲幅的6,000減去200的租金損失）	5,800
（5,800/40,000）	每年4.5%

　　紅小豬已經解釋過，很少有房地產能長期維持這種高成長，但他還是不厭其煩再次強調，只有絕佳的地點，或者人口持續成長，最好兩者都成立，才有機會達到這種成績。

　　看看時間，已經傍晚，午餐也結束了。綠小豬帶高蒂拉上樓，到為她準備的房間去。

　　房間真大，裡面有張大的四柱床，桌椅也很大，還有衣櫥、衛浴間。高蒂拉安頓好之後，就坐下來研究剛剛記下來的筆記。

　　認真看完筆記後，高蒂拉也累了。從豬景高地一路走來，整個下午和小豬討論房地產投資，現在她真是筋疲力竭。小豬來叫她吃晚餐了，雖然他們吃了一整個下午。此刻她只想躺下來，閉上眼睛休息一下。

　　還有好多東西得好好想一下，不過現在已經有點概念了。小豬的原則只有一個：**當通貨膨脹維持一般水準時，他們想要從房地產賺到百分之十的投資報酬率。**

　　他們必須預估要購買的房地產能帶來多少租金報酬。如果想要租金以百分之五的幅度成長，那他們每年就要能獲得百分之五的淨租金，而真正收取的租金則還必須多個百分之一、二，才能分擔維修等成本，所以真正的租金成長率必須將近百分之六。

　　高蒂拉知道該怎麼做了。如果把一百除以需要的租金成長率六，她就知道該付多少錢來買房子。她找了張紙，寫下算式：

$$100 \div 6 = 17$$

　　以這個例子來說，他們會很樂意付目前年租金的十七倍來買房子。如果他們能以更低價位買到，就是多賺的。至於更高價位，那大概不可能。

　　投資房地產可能會遇到很多不好的事情，例如臭沼澤或天邊遠山這類大逆轉的狀況。雖不常見，還是可能發生。

　　對房地產投資來說，最常見的「壞事」就是利率走高及房客問題。損失「難題怪咖雪貂公司」這客戶，就是壞事，會讓小豬賠上一些錢，因為新房客進駐前的時間，小豬會損失租金收入，還很有可能得降低租金來吸引新房客。更糟糕的是，租金下跌後，房價也可能會下跌，導致他們決定將大樓賣掉。

　　想到這裡，高蒂拉發現貓頭鷹對投資者需求的描繪真的很精準。貓頭鷹的資訊與整體市場有關，而小豬談的則是房地產投資。小豬不在乎他們的投資報酬來自租金或房價增值，不過她記得很清楚，小豬彷彿認為租金收入比可能的房價增值更確定，更容易掌握。

　　她梳洗一番，下樓吃晚餐。如果中午那餐就夠看的話，晚餐這頓更不用說了，當然絕不會是一般的豬飼料。從這頓晚餐來看，難怪三隻小豬的體型會變成現在這樣。

　　她坐在大餐桌的一端，上面擺滿佳餚。綠小豬在另一端與她遙遙相望，紅小豬和黃小豬則分坐在兩側。

　　高蒂拉將一丁點食物放到自己盤子時，惹得他們哄堂大笑，而見到他們將盤子堆成食物小山，她也哈哈笑。「你讀過筆記了？有沒有想一想我們下午說的重點呢？」綠小豬從眼前堆積如山的食物頂端望向高蒂拉。

　　「從你們提供的資訊，加上我一路上所看到的，我想我開始有些概念了。」她喜歡「固定所得」，尤其是這種所得還能隨著時間而增加。三隻小豬彼此噴息咕嚕，豬鼻下方掛著大笑容，因為他們也樂於有這樣的收穫。

　　高蒂拉提起和田鼠的討論。田鼠很想有自己的家，不想再付房租。她問小豬，田鼠該買房子比較好，還是保持現狀繼續租屋。

　　紅小豬再次對高蒂拉提出的好問題刮目相看。「他們得先確定，擁有自己的房子讓他們獲利比較多，還是把錢投資別處獲利較多。有些房客把租金看成『死錢』，也就是無法讓他們從中生出價值的錢，而租金的好處都被房東享盡。這種看法不對，他們付錢來使用我們的資產，就像他們跟烏龜借錢時，也要付利息給烏龜一樣。

　　「這全要視房價而定，還有，也要看他們買屋後省下來的房租是不是能當做很好的投資報酬。**和買屋投資者相較起來，買屋自住者還能獲得額外的好處。**」

　　當你靠投資賺到錢後，野狼稅務官就會從你的獲利分一杯羹。如果你買

房子投資，又租房子住，你不但得付房租，也要繳租金所得稅給野狼。

如果你買的房子是用來自住，那麼你就不會有租金收入讓野狼覬覦。**有了自用住宅，你不必支付的租金就成了稅後的投資報酬，這種稅賦優惠是買屋投資者拿不到的。**

從這種稅賦優惠可見，房子的價值對買屋自住者來說，遠高於買屋投資者，如果考慮賦稅，結論就是如此！賦稅改變了世界的運作方式，讓不合理的事情變得合理。

「也就是說，如果要投資房地產，你就得格外謹慎。」紅小豬提醒高蒂拉，「從長期來看，房地產算是很能容許失誤的投資工具。只要不犯下愚蠢的錯誤，長期來看，多數人都能從中獲利。如果等得夠久，好地段的房價更能保證增值。有耐心的房地產投資人大概很難因為買到好房子而賠錢，頂多只是獲利幅度不像應該賺到的那麼多。」

她告訴小豬，田鼠真的非常善良，希望小豬能幫忙想辦法，讓他們買到自己的房子。她也想，如果能把臭沼澤清理乾淨，或者至少把臭味消除，小豬在那裡的房子或許又會有價值。這建議讓小豬想到一些可以做的事，興奮得彼此對哼。

如果他們可以讓沼澤不那麼臭，就能吸引人來租他們的房子，或許也能藉此調高巨人的房租。高蒂拉覺得這三隻小豬真的很認真打理他們的房地產投資事業。他們一直設法買下好的房地產，努力讓他們的房地產變得更吸引人，讓房地產的價值提高。

在三隻小豬忙著發想各種發財點子時，高蒂拉趁機跟他們道晚安，溜上床睡覺。

12

長髮姑娘

特定的小額投資機會，可以藉由稅賦優惠而強化收益成效。

投資房地產之前，一定要對
這地區的經濟前景有概念，
因為這是該區域所有房地產
長期價值的重要驅力。

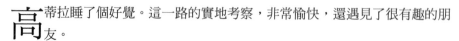

高蒂拉睡了個好覺。這一路的實地考察，非常愉快，還遇見了很有趣的朋友。

最棒的是，她帶著充實的房地產投資基本概念，睡了香甜好覺，還能跟棕熊一家解釋這些觀念，讓他們知道怎麼投資房地產。她希望優質房地產能提供的所得，足以引起貝莉兒和丹妮絲的興趣，至於塞席爾，他有興趣的部分應該是房價的增值潛力吧。

她懷疑小豬是不是把投資房地產說得比實際狀況更簡單。理論人人都能瞭解，但實際操作起來可就複雜多了。有些人能操作得比別人好，很可能是因為他們天生就有一種致勝所需的「房地產敏銳度」。

不過，也像小豬說的，房地產是個很能容許失誤的投資工具。高蒂拉心想，如果塞席爾打算進軍房地產，或許這點能引起貝莉兒的興趣，也能讓她稍稍寬心。

隔天早晨，奇怪的聲音把她吵醒。是汽車的聲音！汽車準備停車，發出尖銳煞車聲，緊接而來的，是宛如擊槍的巨大砰聲。有客來訪。

穿好衣服後，高蒂拉心想也許該待在房間，等客人離開再下樓。但她實在不知道他們要聊到什麼時候，好像會談很久。

終於，她餓死了，實在等不下去，真怕不快點下樓，早餐會被小豬吃光光。她走出房間下樓，看見小豬的客人，大吃一驚。

小豬和王子正聊得起勁。不是青蛙王子，是另一個！

「哇，是熊女孩！」看見高蒂拉出現，萬人迷王子驚呼一聲，「我正希望能在這裡遇見你。」

高蒂拉真是倒盡胃口，隨便抓了一些食物，這時小豬和王子已經談完了。王子把注意力轉向高蒂拉。

「今天要去哪兒啊？還要在森林裡走走嗎？」

高蒂拉說，行程結束了，她要回森林樞紐中心，可能走路回去，如果有馬車，就搭馬車回去。

「啊，說到那令人嘖嘖稱奇的大眾交通公司啊。」王子沉思片刻，「你注意過嗎？那些常搭馬車的客人，個個身上都有一股霉味，就像放太久的南瓜湯。這樣吧，我正要回樞紐區，我載你一程吧。走路得走一整天，就算搭到馬車，也得耗上半天。我載你的話，兩小時就到了，只怕還不夠時間吵架。」

萬人迷王子展露他那迷倒眾生的招牌笑臉。高蒂拉竟然不由自主地覺得王子實在很迷人。真正的他還比電視上更帥呢。也難怪啦，最近在電視上看到的他，不是橫眉豎眼，就是遮遮掩掩。

小豬在王子背後打手勢，像籃球裁判般激動地猛搖手，還不斷嘟出「不」的嘴型。

雖然心中有些不安，雖然小豬很反對，但高蒂拉實在很想坐坐汽車，便接受了王子的提議。

坐進車之前，王子先戴上帽子和開車專用眼鏡，連乘客也有專用的帽子和眼鏡。高蒂拉將整套「配備」穿戴好，坐進車裡。王子轉動車子前方的曲軸，冒出噴濺聲音和槍砲般的噪音，車子引擎開始發出低沉噗噗聲。

小豬跟了出來，在迴廊等著向他們揮手道別。顯然他們有點擔心高蒂拉竟然答應與王子同車，不過高蒂拉已經是個大女孩了，敢跟熊打交道，甚至還成了熊的朋友，看在這點上，王子應該會謹守分際，不敢亂來吧。

車子行駛了幾分鐘，兩人一路沉默。高蒂拉心想，或許該有禮貌地和王子聊聊天，於是她起了個話頭，問王子今早怎麼會到小豬家。

王子說是來和小豬討論一樁生意。他正籌設採礦事業，心想或許小豬有興趣投資。

「其實，我任何時間都可以去找他們，會挑今早去，其實是因為我知道你會在那裡。我想，或許能有機會載你回森林樞紐區，享受與你共乘的時光。自從在哥哥家遇見你後，我就一直希望能多瞭解你一點。」

高蒂拉被突來的這番話搞得緊張起來，尤其一想到王子「花名在外」，她覺得一定得和王子一路交談，免得途中睡著了，讓王子有機可乘。

　　「小豬為什麼要投資採礦事業？」她刻意轉移話題，「他們不是只對房地產有興趣嗎？而且，你看起來也不像會開礦場的人啊。」一路上兩人都得提高分貝，吼叫著聊天，因為引擎實在太吵了，坑坑洞洞的路況更讓車子跑起來震天價響。

　　「說來話長，反正得開兩小時，我就慢慢說給你聽吧。我想，你應該聽過外面謠傳我調戲年輕美女長髮姑娘的事情吧。每次都這樣，全是媒體誇大渲染出來的，我相信你瞭解我的意思吧。

　　「那天，我在黑森林中騎馬冒險，突然聽到美麗的歌聲飄散在森林中。我循著歌聲走進灌木叢，旁邊有座高塔，塔的上方有扇窗戶，卻看不到可以進入高塔的門。

　　「就在我要把唱歌的人叫出來時，突然看見我的前女友，那個遭放逐的壞巫婆。我躲在一旁，看著她把女孩叫出來，要她放下長髮，然後抓著長髮爬進窗戶。

　　「看得出來，她是給被囚禁在城堡裡的長髮姑娘送食物的，我躲在一旁，等到她離開，然後走近高塔，學她的叫法，『長髮姑娘，長髮姑娘，放下你的長髮』。塔裡的人果然放下長髮，我就抓著長髮爬進去。」

　　高蒂拉納悶，話題怎麼轉到這裡來了，她剛剛是問，為何小豬要投資礦場事業，這會兒他怎麼誇耀起他的輝煌情史來了？

　　「她真的很漂亮，」王子繼續說，「而且她有困難，這種情況真的很難讓人抗拒啊。當年父母的苦衷可害慘了她，讓她被巫婆關到這高塔裡。

　　「隔天我又回高塔，我們兩個只不過商量怎麼讓她逃出去，沒想到全被報紙電視渲染成你聽到的那樣。我通常對這種報導不予置評，也不想去否認，因為一旦跳出來澄清，就會永遠被他們套住，沒完沒了。況且，我也喜歡他們一直替我營造的那個形象：瀟灑、帥氣、又有魅力，雖然有些帶點諷刺味道。」

　　「帶點諷刺？」高蒂拉心想，「他真該知道真相。」不過她覺得當下實

在不適合讓他知道他在外的名聲有多糟糕。相反地,她微笑著說:「我沒注意這件事,不過話說回來,這事和你的採礦事業有何關係呢?」

王子點點頭,繼續說:「有一天,巫婆看見我離開高塔,嫉妒得怒火中燒,她剪掉了長髮姑娘的頭髮,將她逐出高塔。隔天我過去,沒想到放下長髮讓我爬上去的是巫婆。就在我攀上窗戶時,她將我推下灌木荊棘叢,我因此暫時失明,漫無目標地到處摸索。森林裡的動物給我食物吃,帶我走了好幾天,穿越森林,來到長髮姑娘被拋棄的地方。

「她把我照顧得無微不至,讓我恢復了健康,連眼睛也看得見了。我永遠忘不了森林那些動物的善心,也忘不了那時的無助和惶恐。」

「拜託!」高蒂拉心想,博取同情也是釣女孩的招數之一嗎?

「媒體說得沒錯,我們後來一起回到王宮,但可不是以他們所說的戀人身分回去的。我只是想把她送回她父母身邊,我知道父王有朋友能幫忙找到她父母。很多人要不是透過野狼送錢給父王,就是從神仙教母那裡收錢,一定有人知道她父母的下落。

「最後,終於在『天邊遠山』找到他們,他們早已不期盼長髮姑娘還活著,也放棄找她了,把希望全寄託在礦場。他們發現了一處礦藏,裡面有各種色彩繽紛的石頭,就像前幾天晚上我給你的那顆。

「他們見到我把長髮姑娘送回他們身邊,高興得不得了,就把礦場的一半股權送給我。至少這樣一來,我的精力就有投注的地方,不會再漫無目的的騎馬四處找冒險、拯救落難的女孩,或者治療昏睡中的美女。對了,我是用一種特別的按摩讓她們甦醒的。」他補了這麼一句。

聽了真想吐。高蒂拉決定了,雖然坐在車裡頗舒服,加上過去幾天到處奔走談話讓她很想閉眼休息,但是這整趟車程非得睜大眼睛清清醒醒不可,免得給這登徒子占了便宜。讓自己清醒的最好方式,就是繼續交談。「我還是看不出來,為何小豬對礦場有興趣。」她決定繼續問下去。

「啊,對了,我正要說到這裡呢。」王子想起他要說的重點。「如果我

能讓礦場做起來，那麼小豬在天邊遠山那些房地產就有需求啦。投資我的礦場事業，他們就有機會讓那些冬眠的房地產投資甦醒過來。他們當然對礦場沒興趣，但是他們看出兩者緊密相關，躍躍欲試。」

「你之所以載我回森林樞紐區，也是想要我投資你的計畫？」高蒂拉挑明了問，她很想知道王子心裡想些什麼，或許他比她認為的更聰明呢。

「不，根本不是。」王子極力澄清，「事實上我根本不要你投資，就算你自己想投資，我也不要，因為風險太高了，況且我有自信能籌到足夠的資金。

「還有個小問題。王室通常不能擁有事業，怕利益衝突之類的，雖然長髮姑娘的父母很好心要給我一半股份，但我不能直接擁有這些股份，也不能從中收取所得。我可以安排讓別人占多數股份，只保留一點給自己，但也不能有投票權，這樣一來就符合規定。反正我也不需要錢，只要能隨心所欲拿走我喜歡的漂亮石頭，我就心滿意足了。

「父王很高興見到我終於做了些正事，可以的話，最好也能因此不再成為媒體關注的焦點，所以他拉了好多朋友來投資。當然，小豬也會投資。我想，他們甚至還要烏龜伸出短手，進去龜殼深處掏錢出來投資呢。」他停下來為自己說的這個笑話哈哈大笑。「連鄧普提也被拖下水，當然他是尖叫哀號又咒罵的。

「父王也打算讓這礦場七年內都符合『無狼免稅特區』資格。也就是說，這段時間內任何獲利都不需要課稅。小豬希望這特區能延伸到他的房地產，並以此做為投資的交換條件。那些豬仔實在有夠精明。

「就快到森林樞紐區了。要不要我直接載你回棕熊家？」

高蒂拉想像貝莉兒看見汽車駛近的表情，一定很好玩，「好，回棕熊家，」她回答，「你人真是太好了。」

雖然這有點冒險，但她還是決定開口請王子再幫她一個忙。

「你認識烏龜，對吧？我想和他見個面。」

「沒問題呀，我很樂意替你安排。對了，棕熊家要怎麼走？你知道嗎？直接載你去那兒，真是個妙計，這樣就可以避開在樞紐區附近盤旋的狗仔隊。我們可不想看見報紙出現這樣的標題：『熊女孩會覺得萬人迷王子的床比較舒服嗎？』」

想到自己被說成王子的另一個獵豔對象，她就氣得臉色發白。直接回棕熊家，果然是個好主意。

聽到汽車聲接近，丹妮絲立刻衝出來。塞席爾和貝莉兒緊跟在後。

看見坐在駕駛座上的王子，丹妮絲更是興奮到不行。她喜歡王子，不相信那些謠傳，從來不會給王子的名字括上引號，以有色眼光看待他。

王子走出車子，丹妮絲想屈膝行禮，卻發現這動作對熊族來說，實在很難做得優雅。塞席爾鞠躬致意，貝莉兒則只是點點頭，努力裝出這種場合該有的殷勤親切。不過見到高蒂拉平安無事回來，她真的很高興。

王子沒有久留。「如果我沒回王宮，他們會派馬匹和軍隊到森林來找我。」離開時，他把注意力轉向高蒂拉。「熊女孩，我真希望能再見到你。」

但沒等回覆，他就發動引擎，揚長而去。既沒有回頭看一眼，更沒有揮手道別。

高蒂拉很享受這趟車程，果然又快又方便，也比馬車更舒適。而且王子說得對，整趟車程下來，不會渾身沾滿南瓜湯的氣味。

她得找機會問問九月兔，該不該買蛤蟆汽車的股票，她確定這企業的營收一定會上升，或許還會飆漲呢。

這趟旅程和收穫可得花個兩天才能跟棕熊一家人報告完畢。大家都很好奇她到王儲家作客的情形、她又收集到什麼紀念品，當然也有興趣聽聽投資房地產的訣竅。

她告訴棕熊一家，他們應該考慮向小豬買下目前所住的這個洞穴。他們應該拿一些錢來投資房地產，而這間洞穴應該可以帶來很棒的投資報酬。

　　她把小豬所說的觀念解釋給他們聽。投資房地產，一收取到房租，野狼就會從中分一杯羹，但是沒有收取的租金，他什麼也撈不到。對很多人來說，自有住宅所省下來的租金的價值，遠高於將錢投資房地產所收取的租金的價值，尤其被野狼分一杯羹後，更是如此。這使得自有住宅跟其他投資形式比起來，變成一種扭曲的投資管道。這種狀況，雖然還不至於不該投資，但投資規則與其他投資絕對很不一樣。

　　她還想到了另一個投資住宅房地產的問題，是小豬沒提到的。投資辦公大樓及購物中心，只需應付幾個主要的大房客，但是投資住宅房地產，卻得跟許多房客收租金，這也是麻煩的地方。

　　「我覺得收租金不是什麼大問題。」塞席爾故意裝出凶狠的表情，將熊爪高舉過頭咆哮著。這模樣當然收得到租金。大家被惹得哈哈大笑。

　　多數房地產的價值與你所能從中獲得的租金收入有關，連貓頭鷹也這樣說。而你能獲得多少租金，又視房子所在地點而定。可以讓大家討生活的地方，通常會有租金收入，但風景優美的地方，租金還能更高。

　　工廠、辦公大樓、購物中心都能孳生租金收入，這些房地產通常能反映出該區的繁榮狀況。工廠的獲利如何，辦公室的需求如何，購物中心有多熱鬧，從這些都可看出來，因為這些多半相互關連。**投資房地產之前，一定要對這區域的經濟前景有些概念，因為這是該區域所有房地產長期價值的重要驅力。**

　　如果對這區域看好，接下來就是進場投資，但買價可不能太高。小豬的原則是：一開始設定百分之八淨租金收益，此外還得額外提撥維護和裝修費用。小豬認為，如果房價漲幅能超過通貨膨脹率，也可以接受稍低的租金。

　　她也考慮把小豬借錢來投資房地產的事告訴他們，但想想還是等到和烏龜談過後再說吧。

13

瑪德瑞多翹翹板

借錢來投資股票或房地產的契機與風險

啊啊啊啊啊啊！

借錢投資就像玩翹翹板，可以讓投資獲利的
幅度更高，但一不小心就會跌得更重。

王子果然說到做到。沒幾天就來了一封以王室信紙所寫的短箋，收件人是高蒂拉——其實這麼說也不完全正確，因為信封上只寫著「熊女孩，棕熊洞穴」。她真納悶郵差是怎麼根據這個地址找到她的。

王子替她和烏龜約好了隔天見面。她去到烏龜辦公室，發現牆上有首詩，還用框裱起來。

> **瑪德瑞多翹翹板**
> **吉米該有新老闆**
> **一天只賺一塊半**
> **工作不快怎麼辦**

她搞不懂這首詩與購買利息所得或借錢來投資有何關係。她心想，這一定只是烏龜喜歡的一首詩罷了。

她走進辦公室見到烏龜，發現他長得果然和提款機上的圖片一模一樣。「是啊，一模一樣很好呀。」烏龜說，「不然你期望看到怎樣的烏龜呢？」

高蒂拉告訴烏龜，她去找三隻小豬，結果看到的三隻小豬跟她想像的完全不一樣。尤其見過森林購物中心牆上的三隻小豬畫像後，她更難接受眼前的小豬模樣。

烏龜聽了哈哈大笑。「這就是我喜歡小豬的原因啊，他們永遠超過你的期待和想像。」

高蒂拉忍不住問烏龜，為什麼要把贏得賽跑的照片貼在提款機上，這肯定讓野兔很抓狂。

「真好玩，沒想到他們竟然這麼認真看待這件事，如果他們多瞭解我一些，就會知道我只是把這當成一個玩笑，我很崇拜他們耶。

「長期來看，他們肯定是贏家，要不，我也一定是輸家。不管經濟狀況如何，敢為了得到企業盈利或者租金而投資的人，最後一定是贏家。如果他們

的獲利無法多於我借錢給他們的利息，他們就不會繼續借錢，那我的錢就沒人可借啦。沒人來借錢，我就沒有任何利息收入，也無法支付利息給把錢存在我這裡的人。我唯一能參與這場競賽的機會，就是當這些來借錢的人想要贏得多場比賽的時候。不過事實上，長期來看，他們的確經常贏。

「這可不表示每個來借錢投資的人一定都贏，有些人最後還是輸。但是，**多數借錢投資的人都非贏不可，這樣經濟體系才得以運作**。我的職責就是去辨別會成功與不會成功的借款人，我只想和那些能一直打敗我的人打交道！

「這就是借錢的藝術，可不是一朝一夕能學會的，事實上，這就是國王把這工作指派給我的原因。雖然我們的照片看起來永遠年輕，但烏龜可是能活上數百年喔。我們龜族慢工出細活，做什麼都有條有理，不會隨便把脖子給伸出去。

「好啦，言歸正傳，我們要從哪裡開始談起？你要不要先問問題？」

高蒂拉知道烏龜很忙，因為動作慢，只好整天忙，她得直接切入重點。

「我是不是應該跟你借錢來投資？就像小豬一樣，好讓我的錢有更好的用途？」高蒂拉問。

「這真是個非常好的起頭。每次有人來找我借錢，我會先和他們討論我牆上那首古老的童謠，《瑪德瑞多翹翹板》。你或許沒發現，我們龜族的觀察力非常敏銳，因為我們移動慢，注意到周圍發生的許多事情。

「我曾在公園觀察小孩玩翹翹板，翹翹板的槓桿作用讓小孩子可以升得比自己跳或者被別人抱起的高度還高。他們可以從翹翹板獲得很多樂趣，全是因為槓桿作用。一個簡單的工程原理，就能讓幾世紀的孩子玩得不亦樂乎。

「玩了一會兒後，他們就會有點無聊，想玩更高更快的東西。他們發現，自己若快速往下壓，讓同伴彈上空中，緊接著他們就會快速大幅墜下。他們或許會有點嚇到，有點搖晃，但通常不會有大傷害。只要墜下的一方沒有摔出去，這種玩法就能讓孩子玩得很盡興。但如果有人摔出去，那先跳的人也會

摔出去，這時就會以眼淚收場了。」

他說，借錢來投資也是這樣，可以讓投資獲利的上升幅度更高，但也會跌得更重。

「如果鄧普提調高利率，情況會更慘。借錢投資的人可能就會直接跌到地上，損失一大筆錢。如果跌得更重，或許還會傾家蕩產，一無所有，甚至連借錢給他的人也一起拖下水。」

他從龜殼拿出一張圖表，說明五年之後兩種股票投資組合的股價走向。第一條線是以五萬開始投資，另一條線表示投資金額除了自己投資的五萬外，還有以百分之七利率借來的五萬，總共十萬。

烏龜解釋：「我看著大家投資已經有一百年了，我知道五年之後，有一小部分人會賠錢，最慘的賠率大概是每年百分之五。但我也知道，有些人五年之後，可以賺到百分之二十。」

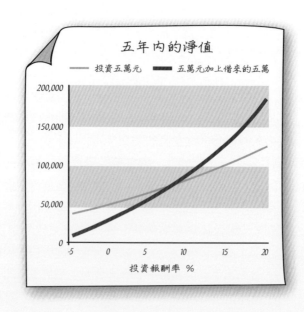

五年內的淨值

投資五萬元　　五萬元加上借來的五萬

投資報酬率 %

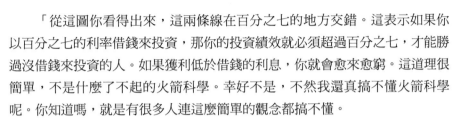

「從這圖你看得出來，這兩條線在百分之七的地方交錯。這表示如果你以百分之七的利率借錢來投資，那你的投資績效就必須超過百分之七，才能勝過沒借錢來投資的人。如果獲利低於借錢的利息，你就會愈來愈窮。這道理很簡單，不是什麼了不起的火箭科學。幸好不是，不然我還真搞不懂火箭科學呢。你知道嗎，就是有很多人連這麼簡單的觀念都搞不懂。

「如果投資商用不動產，這目標通常容易達成。如你所知，小豬通常會將租金設定為百分之八，如果真能收到這樣的租金，那他們一起跑就贏了。但住宅房地產和股票則不容易有這種投資績效，因為這兩種投資的報酬率通常只有百分之四到百分之五，剩下的就只能仰賴房價或股票增值來獲利，但這種增值是很難掌握的。」

高蒂拉問，獲利所得和增值所適用的不同稅務處理，會不會影響到這些原則。烏龜告訴她，要知道是否值得借錢來投資，你必須把可能的稅務優惠加以數量化，並考慮到可能有的投資報酬，將這些都計算過後，才能得到結論。他提醒她，投資本來有風險。借錢來投資，更是貼身抱著風險跳舞。

「這可不是毫無回報。」烏龜解釋，「如果事情發展順利，你的錢會滾得比沒借錢投資的人更快。從剛剛那張圖你可以看到，如果五年的平均報酬率是百分之二十，那麼自己投資五萬元再加上借來的五萬元，將這十萬的投資報酬扣除借來的錢後，五年獲利高達十八萬元，而沒有借錢來投資，只靠自己投資的五萬元，卻只能滾到十二萬元。」

烏龜解釋，雖然他可以讓借錢的人借到其房地產價值的七成，但是如果是借錢來投資股票，那借款若超過其所有股票價值的五成，烏龜就會承擔相當大的風險，即使手頭只是緊了些，也算是一種風險。「我來說個例子好幫助你理解。稍等我一下。」他將頭和手伸進龜殼中，拿了幾張紙和筆，第一張紙寫著：

購買股票的錢	100,000
借來的錢	-50,000
淨投資成本	50,000
股利（100,000的3%）	3,000
利息支出（50,000的7%）	-3,500
每年淨獲利所得	-500

「如果有個企業，平均盈利成長有百分之六‧五，算表現非常好。」他解釋，「只要投資者買這張股票時，不是以太高價買到，那麼這張股票的價值應該也會以每年百分之六‧五的速度成長。

「當然這種好事不見得每年都會發生，但是如果長期來看，能有這種績效，那麼他們的股票價值第一年就會增加六千五百元。就算扣掉淨獲利的負五百，也還有六千元：等於五萬元投資就有百分之十二的報酬率！而這些報酬率是股票價值的增值幅度，所以他們不用擔心野狼來分一杯羹，除非他們要賣掉股票。

「第二年，他們的淨獲利損失就會更少，分配到的股利則會更多，因為企業獲利已經開始成長。一段時間後，他們的獲利就會明顯比只用自己錢投資的人好。

「這樣的世界太美好了，」他深思地說，「如果他們夠好運，企業盈利超過百分之六‧五，他們就能拿我的錢大賺一筆。多數借錢投資的人多半會夢想這種狀況。如我所說，如果他們的美夢成真，我也會很高興呢。

「但是這世界不是這麼完美，至少不會一直這麼好。」

他解釋，很多時候，即使經過長時間的營運，企業盈利的成長依然低於百分之六‧五。十年之後，你可以有九成機率看到，企業每年平均的盈利成長至少有百分之三‧五，但投資者早就放棄出場了。不只是以自己的錢投資的人

會放棄,那些借錢投資的人也已經沒錢付利息了。雖然這時不太可能賠錢,但也不是完全沒有。

他指出一個重點,**借錢玩股票的人,必須有耐心,而且要能撐下去。**企業盈利可能會下降,盈利的價值也會跌(這跌幅就是野兔準備進場的股價)。烏龜說,當這種情況發生,他可能就得準備把錢討回來一些。對投資者來說,依賴這些價值變少的股票來操作財務槓桿,真的會很慘。

壞事發生時,借錢投資的人就會尋找比一般投資更高的報酬率。如果不過度擴張債務,這樣做也很好,此外,當投資市場轉壞時,他們也應該把錢放到一邊。

❖ ❖ ❖

他跟高蒂拉解釋,剛剛看的那張圖,顯示的是五年的狀況,然而超過五年的投資報酬不會以直線的方式呈現,而是每年上下波動。借錢給別人的貸方,包括烏龜自己,看到市場降到谷底時,通常會非常緊張。

他拿起紙筆,又寫了另一個例子,來說明**借錢投資若遭受損失,損失效應會擴大。**他以自己投資五萬元加上借款五萬元來投資做例子。

	開始	小跌	大跌
		20%	50%
投資的錢	100,000	80,000	50,000
借來的錢	-50,000	-50,000	-50,000
淨價值	50,000	30,000	0
損失		20,000	50,000
投資者的本錢		50,000	50,000
投資者的損失		40%	100%

高蒂拉從這表格發現，投資標的物的價值只是跌了百分之二十，卻導致投資者的資金價值減少百分之四十。若跌了百分之五十，投資者可說血本無歸了。如果你向烏龜借來的錢超過投資總額的百分之五十，就會連烏龜的錢也賠進去。

「唯一真正需要借錢投資的人，就是暫時需要這筆錢來讓投資有效增值的人。就像這首童謠裡的可憐吉米，他『每天只賺一塊半，工作不快怎麼辦』，就是因為他工作不快，所以如果借錢投資，或許就能利用財務槓桿的操作，讓錢來賺錢。

「這並不表示有錢人就不應該借錢投資。」烏龜強調，「對我來說，他們是很好掌握的風險，所以我會率先鼓勵有錢人這樣做。有些人想擴大財富，讓自己更有安全感，有些人則想留更多遺產給受益人，還有些人則是被迫要賺更多錢，就像可憐的貓頭鷹，娶了那隻貓才不過一段時間，就被予取予求了。

「鄧普提的一場利率騙局，差點徹底毀了貓頭鷹。我感覺出他的貸款要出大問題了，可是生意歸生意，反正到頭來也不是賠我的錢，那些錢都是我的投資人的錢。

「貓頭鷹終究撐過來了，因為當顧問的他，有穩定的固定收入，雖然利率高漲時不夠支付所有的成本開銷，但也還能勉強為之。而我，也被飆漲的利率害到了。

「我會很注意來借錢的人可以還我多少利息，並據此決定該借他們多少錢。這種作法可以讓我們整夜高枕無憂。但利率一走高，我之前的優異成果就會全泡湯。貓頭鷹不是唯一陷入困境的人，當我的一些借款人從翹翹板上跌下來，害我也跟著落地時，我也很悲慘啊。」

烏龜做出結論，**如果光是用自己的錢來投資，就足以孳生出所需的收益，那就不要借錢來投資。**如果一切順利，當然他們可以有更多資金來孳生收益，但是如果借了錢，壞事卻發生，他們可能就有麻煩了。事實上，烏龜認為，與其跟他借錢投資，倒不如找到像高蒂拉這樣的人借錢，可能還更有道理。

14

醜小鴨

放貸投資組合中附息擔保品的所在位置。根據借款人的信用評等來評估擔保品的品質。操控殖利率曲線以獲取更高獲利。

借錢給別人，比拿去
投資還能賺更多？

高蒂拉一頭霧水。「你起初告訴我，長期來看，投資者的投資績效必定會比出借者好，然後又說，投資者借錢投資，雖然有些風險，但投資績效會更好。之後又莫名其妙地說，我應該把錢借給你，而不是向你借錢投資。你為什麼建議我把錢投資在顯然會讓我獲利最少的經濟部門呢？」

面對高蒂拉的質疑，烏龜不為所動。對了，提醒各位，烏龜即便有什麼動作，在外人眼中，他也總是顯得文風不動。「別那麼快下結論嘛。這會兒我倒想起一位老朋友達鴨小姐，我們倆曾在同一池子待過。她對其中一個女兒的外表很失望，甚至因此懷疑過自己老公杜鴨的血統家世呢。但我認為她太早下定論了。親愛的，沒錯，放貸投資組合或許是投資池子裡的醜小鴨，不過我很瞭解這隻醜小鴨，況且它後來也蛻變成優雅美麗的天鵝了。我可以讓你看看，放貸投資組合會如何讓你的投資池子增添優雅和光彩。

「即使在最不可能的地方，也會有優雅和光彩。來，靠近一點，花點時間來看看我的殼，告訴我你看到了什麼。」

高蒂拉仍然一頭霧水，不過還是聽命行事。「龜殼紋理真的繁複漂亮啊。」她觀察一會兒後，終於開口說話。「得湊近好好仔細看，才看得出來呢。而且龜殼看起來也很堅硬，能有這個殼來保護你免受危險，一定很不錯吧。」

「你說的都沒錯。」烏龜回答，露出最燦爛的笑臉——烏龜可不是毫無幽默感，只是他們的軀體構造讓人以為他們沒什麼情緒變化。高蒂拉突然覺得，或許烏龜還滿有趣的，尤其對那些喜歡看著冰塊慢慢融化的人來說。

烏龜繼續說道：「我相信貓頭鷹已經深入研究過他那一堆圖表，也透過圖表讓你看到，持有超過五年的話，放貸投資組合這種附息的投資，會表現得比股票投資組合高出百分之二十五。有時靠小額投資就能辦到，有時則需多放點錢。

「想要股票投資組合經常穩贏，只有透過更長期的投資，所以，這點很重要：**你絕不能讓自己走到五年內必須賣股票或資產的地步。**

　　「因此，你必須確保未來五年內至少有足夠的收入支付生活開銷。你應該每年試著想像未來五年的狀況。如果你能做到，你就可以抱著股票，等到好價錢再脫手，而不至於在市場蕭條之際卻不得不賣股票。」

　　他繼續解釋：做這種練習就可發現，放貸投資組合所產生的固定孳息可以確保你一定會有收入。

　　「你未來五年內的開銷可能包括幾筆大金額，這些錢必須另外處理，以應付某些特殊目的，例如旅行啦，或換大屋之類的。你可以把這筆錢放在定存中，以配合你的計畫。

　　「身為你的財務諮詢師，我希望你手邊的現金能有半年左右的收入所得，以供你隨時動用；而放貸投資組合的金額，至少是你的三年收入所得。貓頭鷹通常會建議到五年，這可以讓你多一層保障。最多三年內，你要有一筆可以隨時動用的錢，如此一來，不管遇到什麼突發狀況或發財機會，你也足以應付，不至於得去動用其他投資。這種作法所帶來的光彩和安全感，不就像我美麗的龜殼一樣嗎？

　　「有了未來五年的收入所得，你就能安穩地用餘錢來做更大膽積極的投資。整體來說，這種投資績效一定比其他作法更好，而且風險還更低。再也找不到什麼投資比這更優雅、更光彩的了。除非你夠走運，能一夕之間變天鵝。」

　　高蒂拉幾乎要被說服了，不過還有很多她該知道的。「你說要以百分之五的利率跟我借錢，但是你卻以百分之七的利率把錢借給小豬。那我幹麼不直接自己借錢給小豬？」

　　「這問題問得好，」烏龜說，「我幹麼要賺那『百分之二』的利潤？但這就是我的專業報酬啊。

　　「如果你打算借錢給別人，你得先問問自己：『如果他們能直接向烏龜借錢，幹麼還來找我借？』這麼說吧，如果要借錢的人值得我掏出錢，我可是

很好開口的喔，況且，我的錢也夠多。

「只有兩個理由，會讓他們想直接跟你借。第一，他們跟你借錢的利息比我要的利息低。但這樣一來，你也一樣賺不到我從優質債務人那裡賺到的百分之二利潤。

「第二個理由，是因為從我這裡借不到。我喜歡把錢借給別人，這就是我的生財之道。我沒道理把錢死藏在龜殼裡，這樣我反而得付利息給這堆啥也賺不到的本金。如果我不想借錢給他們來賺高利，一定有原因，只是他們不太可能把原因告訴你。或許他們願意多付你一點利息，但你可能得承擔更多風險。

「我喜歡小豬，事實上我也借了他們很多錢。我最喜歡的是房地產擔保，因為不動產的價錢很穩定，屋主也不可能『捲屋潛逃』。但是如果你借錢給小豬、又出了差錯，很可能就收不到利息，更慘的是連本金也拿不回來。他們在『天邊遠山』那些房子，怎麼拿來當你放款的擔保品啊？

「如果你把錢借給我，我可以保證你拿得回本金，因為我有國王背書。很多人願意放棄那一點點利息，只求利息收入穩定，本金也拿得回來。」

他進一步解釋，他借錢給別人做房地產投資時，甚至會把那筆房地產拿來抵押。他會判斷時機不佳時，這些房地產有多少價值，他借出去的錢絕不會超過房地產的價值。**如果不論房價高低，他都不會以擁有該筆房地產為樂，他就絕不會冒險接受該筆房地產做擔保。**

這麼說吧，小豬向他借錢時，他就拒絕小豬拿臭沼澤那間租給巨人的房子當作擔保品。「如果巨人搬家，我還真想不出有什麼人願意住在那種鬼地方。」烏龜說。

「小豬說過嗎？就算他們在『豬景高地』有棟房子出租給王室，我也只願意借那房地產價值的四成金額給他們。能知道房子未來的價值當然很好，不過我只在乎房子的租金，我必須確保哪天小豬還不出錢、房子歸我時，租金足以拿來抵我的利息。」

聽在高蒂拉耳裡，此番話很有道理，看來烏龜果然很謹慎。

「我相信這就是他們後來決定賣掉那房子的原因。押在房子上的錢，可以讓他們做更好的利用呀。他們賣掉那房子，我們大家都贏。青蛙王子用好價錢買到了那房子，對小豬而言也算賣在好價位，拿到了這筆錢，他們就有機會善用，我也有機會借錢給他們去投資新的房地產，並因此獲得更高利息收益。」

高蒂拉細細思量小豬的例子，發現這例子與貓頭鷹的建言不謀而合。一樁成功的交易，是大家樂見的好結果，大家可以全贏，不需要有輸家。

「你只借錢給有房地產的人，還是也借給生意人？」高蒂拉問。

「借錢給誰，我可不挑，」烏龜回答，「我挑的是換取我利息和資本的擔保品。做生意的要來跟我借錢，得先通過嗅幅測試，我向『難題怪咖雪貂公司』訂了這種評鑑服務，他們有嗅幅評鑑，還有針對有潛力的生意人借款時的評鑑。我使用他們的評鑑來決定是否可以借錢給對方。除了這些，市面上還有其他幾種評鑑服務。

「評分愈低，我就得索取更高利息，才能承擔借款人無法支付利息的風險。**然而，利息再怎麼高，也不足以彌補被倒帳的本金。**評鑑等級從AAA開始，其次是AA，之後是A，由此繼續往下給分，我從不借錢給評分低於BBB的人。這套評鑑，是用來評估在正常狀況下，借款人是否具足夠能力來還債，不過這還是有風險，萬一來個天災人禍的，他們還是有可能因為遇上麻煩而還不出錢。」

烏龜說，即使嗅幅評分很高，從過去經驗來看，還是有百分之一到百分之三的生意人欠錢沒還。對借錢出去的投資人來說，這樣的比例大致還算可以，不過若不幸地把錢借給那些最後生意失敗的人，可就很傷了。超過百分之九十五的出借者以為自己很聰明，能因此賺到更多利息。這些人啊，還沒被倒過，搞不清楚自己冒的風險有多大。

　　烏龜的資金雄厚，能借錢給很多生意人，雖然利率不高，但整體獲利還是讓他可以偶爾承受損失，扣掉給付借錢給他的投資者的利息後，還能有點賺頭。

　　「很多人很樂觀，不會感覺公司快破產了，還以為他們生意做得不錯，便借錢給評等很爛的生意人，只為了多賺一點微薄利息。你知道的，我在這行很久了，我知道你吻了醜青蛙，應該好好補償。不過話說回來，有些青蛙我連打交道都不想，更別說和他們來場羅曼史了。」

　　高蒂拉改變心意，覺得或許該在整體投資計畫裡放入放貸投資組合。這點應該能讓貝莉兒接受。

　　她仔細審視烏龜提供的投資方案。

　　「你好像會依照存款期間長短，提供不同的存款利率。你向我借一年所付的利息，和我把錢借你更久的利息不一樣。我要怎麼知道該借你多久？」

　　烏龜很高興聽到高蒂拉提出這個問題。「你可以有機會提高收入，卻不需放棄太多用錢的機會，在正常狀況下，這經常辦得到。我這裡有張『正常收益曲線圖』，我來解釋給你聽。」

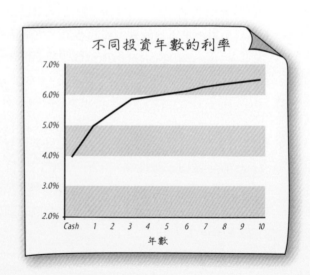

「從這張圖看來，貸款期間愈久，要付給投資人的利率就會提高。通常貸款五年要付的利息，會多於貸款兩年的利息，放款人正是由此獲利。沒人知道未來會發生什麼事，搞不好國王的顧問蛋頭鄧普提會把政府的公告利率調高，或者調低，也可能通貨膨脹會上升。

「貸款期間愈久，就得付出更高利息，才能讓人願意借錢給你。想借錢的不會在乎多付點利息，因為有了這筆貸款，他們的事業資金和未來要付的利息就有著落。」

烏龜利用這張圖讓高蒂拉知道，長期貸款的利率，在前三年升幅最多，之後升幅就低多了。

在正常狀況下，烏龜喜歡將放貸的投資組合設定成「滾動式的三年期」。他以投資三萬元為例，說明這種作法。

第一年，他將三萬設定成三筆一萬的款項放貸出去，分別約定一年、兩年、三年後到期。

到期的每一筆貸款，又重新投資於三年期的放貸，三年之內，你就有一套貸款投資組合，組合裡每筆投資都能賺取三年利率，但每年你又有錢可以動用。

到期年	第一筆放款	第二筆放款	第三筆放款
第一年	10,000		
第二年		10,000	
第三年			10,000
第四年	10,000		
第五年		10,000	
第六年			10,000

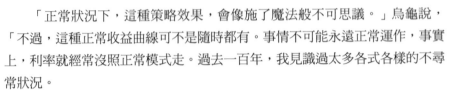

「正常狀況下，這種策略效果，會像施了魔法般不可思議。」烏龜說，「不過，這種正常收益曲線可不是隨時都有。事情不可能永遠正常運作，事實上，利率就經常沒照正常模式走。過去一百年，我見識過太多各式各樣的不尋常狀況。

「我經歷過長期戰爭，體驗過嚴重的長期通貨膨脹，這些特殊時期都會對喜歡利息的投資者造成相當的影響，而且幾乎都是負面影響。」

顯然，烏龜對於通貨膨脹或國王當年窮兵黷武那段非常時期，不怎麼喜歡。

「使用這策略得非常謹慎，把錢綁住之前，要好好審視一下利率。」烏龜繼續叮嚀。

「如果一年期的利率高於三年期的利率，你就不要投資三年。如果鄧普提搞鬼，為了減緩通貨膨脹而故意讓短期利率高於該有的利率，就會發生這種狀況。

「有時候，投資於一年所賺的錢，會比投資十年多。景氣不好或通貨膨脹很高時，通常會有這種現象，因為這時大家都預期通貨膨脹會下降，不願意以高利率來借十年期。

「如果你能以百分之八或九的利率來做長期放款，那你所得到的利息收入就划得來。即使短期放款利率更高，卻該抓住機會做長期放款投資，或許時間要拉長到三年，五年、六年甚至十年。短期高利率不可能持久，如果長期利率能高於一般水準，就值得進行長期放款投資，甚至還可以將平常備用的買房子或股票的錢，拿來做放款投資，不過這有些風險。

「利率可能走高，但你的錢已經被綁死，動彈不得了。如果出現更高的利率，你就會錯過，而且如果你想早點把錢拿回來，情況會更慘。」

「我瞭解你說的這些，」高蒂拉說，「但即使在正常狀況下，為什麼你也不建議我做十年的放款投資？這利率看起來最高啊。」

烏龜神情愉悅，看來高蒂拉真是個聰慧的小妞，這樣機靈的女孩怎麼會搞到在森林迷路，還在熊的洞穴裡度過一晚呢？

　　「十年裡可能發生太多事情。還記得嗎？你當初設定放貸投資組合，不就是為了利息收入並擁有流動資產？十年到期之前，你很可能會需要這筆錢，我說過了，這樣一來可就不妙，特別是當你把錢綁在十年期的放款投資之後，利率開始往上揚。

　　「利率一旦開始走高，投資人就不再想投入那麼多錢以獲得利息收入。如果你有長期放貸投資，卻需要用錢，那只好將這筆貸款賣給其他人。

　　「如果你想賣掉這筆貸款時，利率比之前更高，那你的潛在買主願意付給你的錢，就會少於你當初放款出去的錢。如果我是買主的話，一定這麼做，可以用更少錢來賺到相同的利息收入，何樂不為呢。也就是說，如果你真的要用錢，你就得賠本出售。」

　　烏龜舉了個具體例子：將十萬元放款投資十年，每年有百分之八的利率所得。兩年後，如果想賣掉這筆貸款，那麼他們會賣掉的所得流量可以從下圖第一欄看出來：

	100,000	91,000
	8%利率	10%利率
下一年（第三年）	8,000	9,100
第四年	8,000	9,100
第五年	8,000	9,100
第六年	8,000	9,100
第七年	8,000	9,100
第八年	8,000	9,100
第九年	8,000	9,100
第十年	8,000	9,100
回收投資本金	100,000	91,000
總計	164,000	163,800

烏龜繼續說明，如果利率上升到百分之十，那麼只要投資九萬一千元，就能得到差不多相同的投資報酬。八年之後，就會從一開始的九萬一千元，連本帶利變成十六萬三千八百元。這樣的報酬，和兩年前以百分之八放貸投資所獲得的效益幾乎相同。也就是說，如果有投資者想賣掉原本可賺進百分之八的放貸投資，那麼買主只要付九萬一千元去買就成了，而賣家就會因此損失九千元，搞不好還會損失更多，因為從上述例子可以看出，當利率上揚時，放貸出去的本金就愈快賺回來，這種較快速的報酬當然也有價值。

如果利率走低，就會發生相反狀況，也就是說，長期放款投資的價值會增加。這是放貸投資的另一面向。

他告訴高蒂拉，野兔曾建立一市場，讓大家可以針對附息投資做買賣，果然投資客來來去去，絡繹不絕。這種市場叫做債券市場，是因為附息擔保品經常稱為債券。這種市場不算很友善，因為在這種市場中，很難人人是贏家。

他很欣賞野兔，稱讚他們是了不起的生意人。他們提供市場，讓大家交易放貸投資，他們也可從每筆交易中賺到錢，而且每筆交易都能從既有的投資報酬中拿到一些好處。不過說到最後，烏龜自己還是不相信在這市場所獲得的投資報酬會明顯高於他之前提過的滾動式定存組合，甚至還很可能獲利慘澹呢。

根據烏龜高見，如果在整體投資組合中，某筆錢扮演的是保本穩健的角色，就不合適去涉入這種風險。

❖ ❖ ❖

「我知道你打算借錢給萬人迷王子，投資採礦事業，這怎麼符合你的投資哲學呢？」高蒂拉有此疑問，不過這問題可說別有居心，因為她真正想聽的，是與萬人迷王子有關的更多事情，至於烏龜那些哲學，她才沒什麼興趣。

「不，我不是借錢給他。」烏龜回答，「國王要我自己也投資一份，而不只是借錢給他。雖然這不完全是皇室旨令，不過我也不至於笨到只是聽命行事，我當然有我的想法。國王的確成功說服我投資他兒子的採礦事業，不過其

實我剛好也挺喜歡這小伙子的，還覺得他有點可憐呢。

「他只比哥哥晚個二十分鐘出生，但在王位繼承上，他就得永遠排行老二，唯一的好處是不需像哥哥一樣得隨時謹言慎行。那年，變成青蛙的哥哥淪落到『豬景高地』那兒處理昆蟲問題，他就成了王室的法定繼承人，突然被告誡得注意言行舉止。其後，青蛙王子又回來了，甚至還娶了妻、生了子，搞到後來，萬人迷王子竟被擠到王位繼承的第五順位。

「隨著青蛙王子的小蛙仔一隻隻出世，萬人迷的日子就過得更無意義，他整日騎馬四處遊晃，尋找生意契機──當然，還有睡美人。活到這把年紀，我還記得他父親在他那個年紀的樣子哩。那時候的國王，也有點壞胚子味道，他父王母后想用音樂來陶冶他，讓他少惹麻煩。事實上，國王的第一把小提琴還是我送的呢，我希望能藉此鼓勵鼓勵他。

「這樁採礦事業或許正是年輕的萬人迷王子需要的，讓他找到有興趣的生活重心。我很樂意投資，希望對他有所幫助，就像當年那把小提琴對他父親的鼓勵一樣。想想看，連老頭子都能洗心革面了──不過他的奇裝異服和喜歡闖進鄰國領土的怪癖，就先不談。我很確定萬人迷這年輕的王子也能改邪歸正。」

「無狼免稅區這種優惠措施，應該會讓採礦事業更吸引人吧？」高蒂拉很好奇。

「做得起來，這才算誘因。」烏龜回答，嘴角扭擰了一下，「野狼很狡猾的，他知道這一行十之八九會失敗，給他們免稅區優惠，就等於拒絕讓賠錢的企業主以稅抵減損失。他從這種作法所得到的獲利，甚至還能承擔那些少數做起來的企業不用納稅的損失，而且到時候，他也會想盡辦法重新制定規則，從成功的採礦計畫榨出一些稅額。如果問我意見，我會告訴你，盡可能別信任野狼稅務官。」

❖ ❖ ❖

高蒂拉向烏龜致謝，感謝他撥冗提供寶貴理財智慧，然後出發去找棕熊

一家，將學到的知識告訴他們。

「借錢給別人這檔事，像其他投資理財一樣吊詭。」她告訴棕熊家族，「還好，我們都不需要向別人借錢來投資。不過，你們知道嗎，向別人借錢似乎還更吊詭呢。幸好我們的錢足夠應付每月所需。」

高蒂拉向塞席爾及貝莉兒解釋，如果他們願意借錢投資，他們的財富很可能增加得比放款投資更快速；也就是說，如果一切順利的話，他們就能留給女兒丹妮絲大筆遺產。但另一方面，如果出了差錯，他們可能就會失去目前既有的生活方式。

「所以，由我們承擔所有的風險，」塞席爾說。

「而丹妮絲則拿到全部好處。」老婆貝莉兒幫老公把話接完。

他們就像許多老夫老妻一樣，會幫對方把話說完。如果他們彼此多瞭解一點，或許有機會在財務議題上取得共識。

「可別期望我去吻那隻青蛙！」貝莉兒開玩笑。沒想到原本超級保守的貝莉兒，對投資理財這麼快就進入狀況，可真讓高蒂拉和塞席爾刮目相看呢。

高蒂拉繼續解釋，或許他們可以將一些錢拿來做放貸投資，以賺取利息所得。他們可以把錢借給中間人，例如烏龜，他付的利息雖然較低，但很有保障。或者也可以把錢直接借人，但他們得自己去評鑑貸款人的品質。不管哪種方式，**穩健的現金準備，以及滾動式的三年期放款投資組合，看起來都很值得嘗試。**

塞席爾知道，要從那些本來就會還債的人手中拿回本錢，不是什麼難事，問題就在於他可能還得處理那些到頭來一無所有的人。「我看，我們還是把那些想借出去的錢，交由烏龜處理吧。」貝莉兒神色愉悅，看來也同意。

至於高蒂拉，她還是想把錢直接借給小豬。她喜歡小豬工作的方式，也中意他們拿來做擔保的財產。不過前提是她不會到頭來變成臭沼澤那棟巨人住的房屋的主人，收那裡的租金肯定不會愉快。

15

肉販、麵包師傅、做蠟燭的人

直接投資股票：找到優質企業來投資

只投資在優質企業，長期下來，投資表現有可能比整體股市的指數更好。

九月兔坐在有著大片玻璃牆的辦公間，監看外頭旗下交易員的活動情形。外頭的辦公室非常大——事實上，非如此不可，因為從牆的這頭到那頭，都給年輕的野兔交易員擠得滿滿。

交易室裡有六月兔，還有一些五月兔。大多數交易員都是年輕人，主要是四月兔，還有一群很健康的三月兔。許多交易員正忙著和客戶講電話，處理股票買賣。

有些則盯著電腦螢幕找靈感，還有一小群，多半是年輕野兔，正利用休息空檔，玩著溫和的野兔球遊戲，將揉成一團的紙張以優美弧線丟進垃圾桶。還有零星幾隻野兔，正看著房間另一端的大型電視，螢幕上播著當地的體育活動，長久以來一直是死對頭的大熊隊和公牛隊正在廝殺。

大致說來，就是繁忙股票交易室的常見景象。

九月兔看見最新的交易情況在另一端的電視牆面跳動，藉此掌握市場上正在交易的股票和價格。股票交易室裡每分鐘都在變化的股價曾經很吸引他，但那已是遙遠的過去。

如果他想，就能伸出長耳輕易偷聽到每個交易員與客戶的對話。他偶爾會這麼做，好讓年輕野兔皮繃緊一點。

他也希望零星散落在交易室各角落那些資深的五月兔、六月兔能發揮點影響力。把他們這些有經驗的老手和新手混合在一起的好處，就是能讓年輕野兔聽聽資深同事是怎麼與客戶對話，從中得到些概念，知道應該和電話另一頭的客戶談些什麼。此外，還能讓老野兔聽到年輕野兔與客戶的交談內容，透過這些管理措施，避免新手說出太愚蠢或怪異的話。

如此緊湊的工作節奏，就像密集訓練課程一樣。交易員都很聰明，也受過良好教育，但成功的野兔交易員不一定是最聰明的。成功的交易員通常能瞭解有錢人，並且有天分，知道如何贏得別人的信任。智商或教育通常造就不出這種特質。

野兔交易員通常是男性，他們有企圖心，想和同儕一較高下。競爭的概

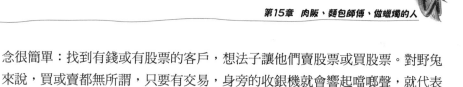

念很簡單：找到有錢或有股票的客戶，想法子讓他們賣股票或買股票。對野兔來說，買或賣都無所謂，只要有交易，身旁的收銀機就會響起噹啷聲，就代表有業績進來。

他們當然希望客戶飛黃騰達，但不小心吻到青蛙時，難免就得賠錢，他們的客戶也明白這種風險。

交易熱絡的繁忙日子，高分貝的電話交談聲、收銀機的噹啷聲，讓他們連自己的思考聲音都幾乎聽不到。這種腎上腺素急遽分泌的日子，就是交易員賴以維生的日子。

股價快速飆漲，忙碌日子就跟著來。股票漲時，不必多費唇舌，就能讓客戶買進；股價滑落時，也能大賺一筆，直到投資人不再瘋狂賣出。但之後的交易室就會變得非常安靜。這時電視螢幕終於能發揮點名正言順的功能，讓無聊的交易員有些事可做。

很久以前九月兔曾納悶過，為什麼情況不是往反方向發展？股價低時，投資人不是應該很高興嗎？因為這可以便宜買到優質企業的股票啊。「投資人真奇怪啊。」他心裡這麼想。

他很好奇那一小群縮在角落的三月兔在幹什麼。他們好像聊得很起勁，不像在爭吵（一群年輕野兔聚集在一起，就常會發生這種事）。很明顯，他們在「八卦」。

他想到了，會不會是今天和高蒂拉的會面內容被洩漏出去了？高蒂拉這個年輕女孩最近才把自己在森林迷路的故事賣出去而發了大財。這故事本身很有趣，卻被報導成她曾在青蛙王子的鄉間宅邸出入，當時萬人迷王子也在那裡。一個女孩子家被人傳出這種事情，實在不名譽。

高蒂拉突然來電，嚇了他一大跳。自從上次在提款機前相遇，已經一段時間了，他還以為高蒂拉不採納他的建議了。

忙碌的交易室裡果然沒有祕密，高蒂拉來訪的消息已經傳出去。

九月兔想得沒錯，如果他拉長耳朵聽聽那群三月兔的談話，就知道他們

正在談論高蒂拉來訪一事。三月兔嫉妒得要死，高蒂拉一定是個好客戶，荷包滿滿，還人脈廣闊！九月兔一定不會好好利用這個好機會。

九月兔一定只會叫她買一些無趣的股票，然後死抱著不放。真正的野兔不會這樣做。九月兔已經過氣了，該是他退休的時候，他不再是投資寵兒了。

不少年輕氣盛的三月兔都曾因為說了或做了什麼，而被九月兔叫進辦公室狠狠訓一頓。回到自己的辦公桌前，雙耳脹紅，尾巴鬆垮下垂，還會遭同事消遣一番。

這些年輕野兔正醞釀一樁陰謀，更正確來說，他們想慫恿其中一人來完成具決定性的任務：在高蒂拉見到九月兔之前，「突襲」她，遞給她名片，告訴她，如果想在股市有好成績，就得和三月兔談一談。

這群小子的計謀成功了。一隻三月兔接下了這挑戰，和接待小姐串通好（他還曾和這個可愛的兔小妞約過會呢），一旦高蒂拉抵達，就先打電話給他，響三聲然後掛掉。他們也設法讓她等個幾分鐘才見到九月兔，這樣就有足夠的時間接近她。

沒多久，電話果然響了三聲。他故作悠閒地走往接待處，和高蒂拉擦身而過，然後突然停下腳步，假裝認出她，轉身回來跟她打招呼。

「對不起，請原諒我這麼冒失，您不就是高蒂拉小姐嗎？能在這裡見到您，真是驚喜啊。」

高蒂拉很驚訝自己被認出來。她跟年輕野兔握握手，說自己來這裡是為了和九月兔見面。年輕野兔點點頭，故意表現得很訝異。

「他的確很瞭解股票，不過他快退休了，有點跟不上股市的最新操作手法。我是三月兔，我的資歷或許會讓人有點不放心，但事實並非如此！

「我們三月兔，充滿活力，積極熱誠，能夠想出很多新的好點子。投資世界分分秒秒都在變動。有了這些新的好點子，我們可以確保客戶獲得驚人的投資報酬。

「或許我應該更大膽地直接奉上我的名片，希望您能賞光，撥冗和我談

一談。」

　　他神態自若地告退，試圖忽略躲在旁邊那群密謀者所豎起的大拇指。

　　高蒂拉看看名片，一面只有簡單的名字和電話號碼，另一面則寫了給她的一段話，「買蛤蟆汽車公司的股票，好企業，肯定賺錢」。

　　高蒂拉的確考慮過蛤蟆汽車公司，也正想問問九月兔的意見。年輕野兔留了這個訊息，讓她更確定一定要開口問一問。

　　接待處那可愛的兔小姐說九月兔可以見客了，一路將高蒂拉領到九月兔的辦公室。

　　「哎呀，年輕小姐，你真是大忙人啊。我甚至還看到你去拜訪王位繼承人呢。」一見到高蒂拉踏進辦公室，九月兔來段這樣的開場白。

　　高蒂拉很驚訝，九月兔怎麼如此神通廣大，連她去找青蛙王子的事情都知道。不過九月兔隨後又說，只要跟皇室家族有關的任何事，沒有不流傳千里的。

　　高蒂拉告訴九月兔，她的確很忙。她花了好幾天請教貓頭鷹，也去了森林觀察實際的商業活動，還去看了房地產。她遇到了其實不算小的三隻小豬，和他們討論過房地產投資，甚至還去找了烏龜，向他請益獲取利息所得的投資細節。

　　九月兔一聽，對她刮目相看，這個女孩這麼堅決，一定會成功。她已找到正確的人商量，他也有很多投資股市的好資訊要提供給她。他一開始先說清楚：「我要告訴你的，與投資有關。我有興趣買入優質企業的股票，這些股票能給你利潤，對了，而且要以合理的價位去買。這些是你有興趣知道的嗎？」

　　高蒂拉很疑惑，這些當然是她有興趣的，大家不也如此嗎？

　　「不是每個人都對投資有興趣。」九月兔說。

　　「有些人只想透過頻繁的買賣來賺錢。他們在價位低時買進，價位高時賣出，或者價位高時買進，然後希望價位更高，好讓他們賣出。要不，就是在

價位下跌時賣掉，即使他們沒擁有這些股票。他們希望價位低時能買到，而且在他們必須真正握有股票之前就順利賣掉。他們對企業體質好壞根本沒興趣，他們也不想長期擁有股票來得知這企業是好或壞。

「為了怕你觀念錯誤，我得先把話說在前頭：這種操作手法可不是我想談的，我想和你談的是真正的投資。」

高蒂拉很快表明，自己非常樂意學習九月兔所傳授的任何東西。他提到的其他觀念也很有趣，有些正是三月兔剛剛所提到的新觀念。或許和三月兔談談也不錯。

九月兔很高興高蒂拉有正面回應，並且繼續解釋為何投資企業可以有好的投資績效。

他假設貓頭鷹已經和高蒂拉大致談過股票投資。所有股價的平均值構成指數，所有指數的資訊都可隨時取得，還能找到好幾年前的指數。研究這些資訊，可以學到很多，他相信貓頭鷹已經跟她分享過這些資訊了。

他說，實際上，**不要投資於所有企業，而是只投資在優質企業。長期下來，投資表現有可能比整體股市的指數更好**。他提醒，不需要永遠都表現得比指數好，但多數時候必須這樣，特別是當她想抱著股票慢慢等時，就得如此。

「這做起來可有點難，」他要高蒂拉小心，「尤其當所有人在那段時間的表現都比你好時，更難做到。然而，路遙知馬力，撐到最後，優質企業就會閃閃發亮。你一定得時時牢記這一點。」

她問，要怎麼辨別好企業與壞企業。

他繼續解釋，**好企業的利潤持續且合理穩定地往上攀升**。普通的企業偶爾會有這種表現，但旋即又沒有了。壞的企業，其利潤則很有可能下降。**如果有足夠的必要資訊，你就能判斷該企業是好、是壞或中等**。

「你可以從過去的表現來得到有用的資訊。另外，消息靈通的市場觀察家對未來的看法，也很值得參考。」

九月兔告訴她，野兔證券公司雇請了專家來仔細研究企業的內部狀況，

好得到全面的瞭解。好事或壞事發生時，他們就能盡全力來預測這些事情對企業未來表現的影響。他稱這些專家為分析師。

「分析師這個詞啊，是從『分析』而來的。我相信這兩個字源於分解剖析。我知道這個概念聽起來不怎麼悅耳，不過如果你和他們打交道，就會明白這層關係。他們非常專注於細節，吹毛求疵，品德也沒問題。

「分析師多半是年輕人，很認真，也受過良好教育。很多人曾在『難題怪咖雪貂公司』工作過，然後離職了，因為他們的幽默感不夠。

「他們花很多時間來瞭解企業，試著預測企業的獲利表現。有些投資者在買賣股票時，很在乎分析師的意見，這種想法實在很蠢！分析師所分析的內容雖然很有幫助，卻不太會預測股價。說來真有趣，我在分析師做出該買或賣的建議後，去追蹤股價的漲跌，結果發現，一般來說，如果與分析師的建議反其道而行，或許還比較好呢。」

他繼續解釋，雖然如此，但這並不會讓分析師的工作變得無用處。預測股價不是分析師的工作，預測公司未來的獲利表現才是他們的職責。好的分析師絕對很懂得預測企業未來的獲利表現。

「不過他們也非常依賴企業提供給他們的資訊，」他提醒，「而且，他們也無法預測壞事何時發生。事實上也沒人辦得到。」

「把過去資訊和未來的預測相結合，實在很有趣。如果這兩種資訊都正確，那麼你只要能找到一**家過去持續提高其獲利表現的企業，而且大家也預測該企業未來會持續成長，那麼這就是非常值得投資的好企業。**」

反之，如果該企業的過去成績和未來預測都很差，就不該投資。他告訴高蒂拉，大眾交通公司的股票或許可以買，但不值得投資。這間公司原本是神仙教母所設立，目的是提供就業機會給那些失業的家鼠、田鼠、蜥蜴，不過種植南瓜的人也因此獲利。

幾年前，老國王為了布署馬匹和軍力而需款孔急，就將這交通公司賣給

大眾，所以這企業就「民營化」了。

這家公司虧損多年，脫班不準時，還刪減午夜班次，惹惱很多人，搞得大家只好另外安排交通工具。

現在汽車愈來愈普及，甚至吃掉了以前只屬於大眾交通公司的市場。

「但是在中心樞紐地帶，卻很少看見汽車，」九月兔說，「因為空間不夠，路況不好，而且沒地方停車。不過未來或許會改變。現在在郊區，到處都見得到汽車。」

高蒂拉之前到樞紐區時，的確也注意到這現象。她也以為這對大眾交通公司不利，沒想到這公司已經民營化了。

九月兔做了張圖表。

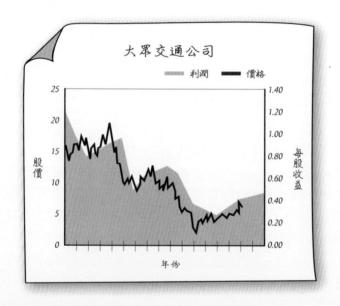

「你從這圖可看出來，這家交通公司的利潤多半往下降，這可能代表：其一，這家公司所屬的產業還不錯，但公司本身經營得很糟；另一方面，也表

示這家公司經營得很好，但所屬的產業已經窮途末路。以這個例子來說，我會相信，這是一個處於夕陽產業，又經營很爛的企業。

「超過價格線以外的利潤線，就是分析師期望未來獲利的所在位置。你可以看到，分析師對這公司還滿友善的，認為這間公司未來獲利與現在差不多。

「還有一個重點你應該注意：隨著時間變化，每股價格也往下降。雖然下降的速度不一定成等比例，但你愈仔細研究這圖表，就愈能發現其中的關係。看得出來，股票買主似乎在這家公司獲利真正下降前，就已經對這公司喪失信心了。這表示，**如果獲利下降，那麼股價也會下降**。

「這家公司不行了，雖然你現在可以用相當合理的低價買到它目前的獲利表現，但它絕不是你真正該投資的標的。」

他繼續解釋，雖然這公司現在規模小多了，但也曾是間大公司。如果只對股票指數有興趣，或許可以買它的股票，雖然它目前看來明顯很糟糕，而且未來前景堪慮。

高蒂拉急切想多聊聊什麼是優質好企業，九月兔也就恭敬不如從命地細說分明。

「你一定曾到BBC超市買東西，這家公司非常有意思。」

BBC超市有段歷史了，一開始只是間「蠟燭製造商」。沒錯，因為創辦人就是從做蠟燭起家的。

幾年後，他們開了幾家小店賣自家產品，後來擴展到各種雜貨用品，一路穩健地購併了其他廠商，最後連各種食品也賣。他們買下了肉販的生意、糕餅師傅的生意、最後將名字改成BBC超市（譯注；第一個B指肉販Butcher，第二個B指糕餅師傅Baker，第三個C指其本業蠟燭Candle）。

「你可以發現這家公司非常優質。透過購併其他企業及開立新分店，成功地攫取到更大市占率。如果他們哪天把那家經營很爛的『嗨呵喔乳品公司』

給吃下來，我也不訝異。我想，這家乳品公司的管理階層應該很緊張吧。沒錯，他們的確該擔心了。」

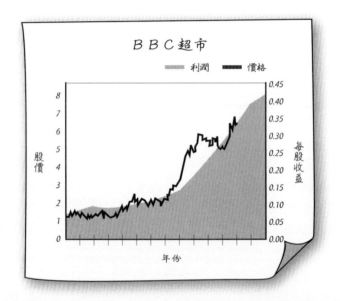

「據說BBC超市也有興趣買下果樹園公司。目前有家很大的跨國乾果集團試圖奪下果樹園公司所有權，但BBC超市集團說不定會先發制人喔。

「目前BBC超市的股價並沒有很低，大約是其長期股價的平均值。你可以發現，過去投資BBC超市的投資人太興奮，以至於付出過高價錢。投資優質企業的好處是，它會赦免你過去犯下的錯誤。另外，你也可以發現，當價格表現令人失望時，股票就會有段時間變得很便宜。這時大家就有一般共識，知道這企業不如之前投資人想像得那麼好，因此趁這機會去買它的股票，就成了常識。

「年輕小姐，你看到了，這家公司具備優質企業的所有特徵：它過去戰績輝煌，分析師也預測這種戰果未來會持續下去。這當然值得睿智的你考

慮。」

九月兔說，很多時候，企業光景不是這麼顯而易見。他問高蒂拉，想不想再多看看其他例子。

高蒂拉對九月兔真是甘拜下風。這番見解很有道理，特別是經過貓頭鷹和小豬的開示，更顯出九月兔的睿智。具神奇力量的魔法，就是「收入」。**從股票獲得的收入愈穩定，且這收入將來愈有可能提高的話，就愈值得投資**。獲利增加，價格也就提高；當獲利下降，價格也跟著下降。這段過程需要時間、耐心和智慧。

「那海狸呢？」高蒂拉把郊區建案的事情，一五一十告訴野兔，她覺得投資海狸或許是個不錯的主意。

「喔，海狸營造物料公司喔，那些海狸辛勤打拚，表現非常出色。這家公司是介於好與壞之間的最佳範例。他們的利潤好或壞，主要取決於建築業的景氣，但建築業的景氣時好時壞啊。」

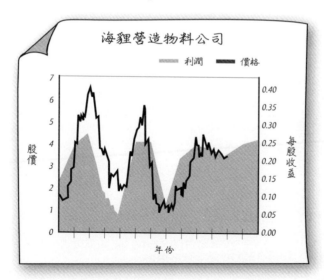

「你永遠不知道接下來會發生什麼事。如你所說，目前建築業很紅，分析師也認為建築景氣會持續好下去，但是他們也知道會走下坡，只是不知道何時發生。想要精準預測未來獲利，幾乎不可能。

「我對海狸營造物料公司的感覺是，他們可歸類到營運佳的企業，裡面有一群誠實、認真打拚的好人，努力在一個難以預測的不良產業創造奇蹟。你可以試著和建築業的循環景氣來賭一賭，如果你贏了，就可賺進大把鈔票。不過就我來說，我比較喜歡確定自己的獲利來自何處。」

果然就像貓頭鷹說的。

從企業獲利而來的收入的確有其價位。如果企業的獲利增加，那麼該筆投資的價值也會增加；如果企業獲利衰退，那麼該筆投資的價值也會變少；如果企業獲利的價位不變，那麼，唯一讓投資價值改變的方式，就只有企業獲利先改變。

高蒂拉知道企業獲利的正確價位：十七。

高蒂拉很驚訝，到現在九月兔竟然還沒提到十七這個數字。貓頭鷹可把這個數字稱為神奇數字呢，說取得企業盈餘的最佳價位是十七。她決定主動提起這話題。

她將貓頭鷹對此數字的討論告訴九月兔。通貨膨脹沒那麼嚴重時（一般來說通常如此），取得企業盈餘的最佳價位是十七，也就是說，你可以放心愉快地以該企業每股盈餘的十七倍來買股票。如果通貨膨脹可能變高，就不要付那麼多。不過如果通貨膨脹變低，價位就是十七。

如果你以企業盈餘的十七倍來買該企業股票，那麼持有超過十年的平均報酬約是每年百分之十。如果企業盈餘是以每年百分之六的長期平均利率來增加，那麼你就可以分到百分之三·五的股利。和你把錢放在烏龜那兒相比，這種投資會多出百分之五的利息所得。

九月兔對高蒂拉這番陳述，萬分驚豔。

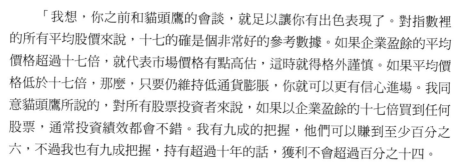

「我想，你之前和貓頭鷹的會談，就足以讓你有出色表現了。對指數裡的所有平均股價來說，十七的確是個非常好的參考數據。如果企業盈餘的平均價格超過十七倍，就代表市場價格有點高估，這時就得格外謹慎。如果平均價格低於十七倍，那麼，只要仍維持低通貨膨脹，你就可以更有信心進場。我同意貓頭鷹所說的，對所有股票投資者來說，如果以企業盈餘的十七倍買到任何股票，通常投資績效都會不錯。我有九成的把握，他們可以賺到至少百分之六，不過我也有九成把握，持有超過十年的話，獲利不會超過百分之十四。

「老實說，我沒什麼興趣去投資所有股票，賺到與一般投資者相同的報酬。我想要投資的是我喜歡的企業，也就是優質企業。我想要表現得比一般投資者更好，而只專注於優質企業，則是我的策略之一。我的策略還包括其他重要的部分。

「一般來說，只有透過兩種方式，你才可能表現得比一般投資者好。你猜得到是哪兩種方式嗎？」

高蒂拉不費吹灰之力就猜到了。她告訴九月兔，如果可以買到能讓他賺超過百分之十的股票，他就能表現得比一般投資人好。她記得，當盈餘的價位一樣時，投資者所得到的報酬就是他們實際拿到的收益加上每年增加的盈餘。貓頭鷹所說的百分之十，就是把每年平均百分之六‧五的盈餘成長，加上百分之三‧五的平均股利比率。

如果野兔可以拿到更高比率的股利，或者更高比率的盈餘成長，最好兩者皆有，那麼他就能賺百分之十以上。

九月兔非常同意這種推論。投資於優質企業，他就有更大信心看到股利和盈餘同時增加。他繼續問高蒂拉，另一種使投資績效比平均成果更好的方法是什麼。

這答案高蒂拉也知道。

高蒂拉回答，以低於十七倍的價錢來買股票，就能有更好的投資績效。如果能以低於十七倍的價錢買到有成長且股利達百分之十的股票，那他就很有

機會有好的投資績效，因為他付出的投資成本就已經比平均價錢低了。

野兔確認高蒂拉的結論果然正確。「**我只對優質企業有興趣，這種企業才能讓我得到的股利優於其他股票，或者盈餘成長的速度高於平均值，兩者兼得更好。我經常能辨識出這種企業，不過有時他們的價錢會太貴。只有能便宜取得時，我才會下手。**

「還有另一種方式來使用貓頭鷹提供的資訊。我通常會用這種方式來看個別股票。」

他在紙上寫了一道數學式，然後將紙轉向高蒂拉，遞給她看。

$$10 \div 17 = 60\%$$

他緊接著解釋：「貓頭鷹對股利和盈餘的預估成長平均值是百分之十，這也就是我們可以從整體市場期望到的平均值。貓頭鷹說，最佳的購買價格是十七倍，但我不乘以十七，我喜歡反算回來，將潛在報酬除以盈餘價格。這樣做，就可以給整體市場一個分數。將十除以十七所得到的百分之六十，就是投入企業的平均報酬值。

「當我考慮投資企業時，我的目標是要得到比百分之六十更好的數字。達到這目標的方法之一，就是找到能賺更多的企業，另一種就是以較低的價格來購買。只有當這個報酬值高於百分之八十，我才會有興趣。理想上，我會努力買到百分之百或者高於百分百的投資標的。**這就是我投資過程的第二部分。第一部分是只對優質企業有興趣，第二部分就是在購買時，以百分之八十或更高的報酬值來評估投資機會。**」

野兔以BBC超市為例，他估計其未來十年的盈餘，將以每年百分之八的平均率增加。

「事實上，他們的盈餘成長超過百分之八呢，而且預估未來幾年內也會有這種成績。我預測時，通常允許這種快速的盈餘成長緩慢到一般水準。對

我來說，以百分之八來預估他們未來十年內的成長，算是持平的預測了。我對BBC超市成長表現的預估，比對海貍營造物料公司的預估更有信心，因為BBC過去的獲利表現非常一致。」

他告訴高蒂拉，就在最近，他才剛從BBC超市拿到百分之四的股利。如果把這股利加上他對該公司的成長預估值，就有百分之十二。

BBC目前的股價是七，利潤是每股○‧三五。

$$7 \div 0.35 = 20$$

而現在市場以二十倍來購買BBC的股票。他又寫了一數學式。

$$12 \div 20 = 60\%$$

「投資者現在很樂意付高於平均價位的錢來買BBC超市的股票。或許他們的確該這麼做，畢竟BBC是間優質公司。投資人來買BBC超市股票的價格，雖然高於平均價位，不過只得到平均價值。我現在就有BBC超市的股票，我也很高興以這個價位買到，但我應該不會再繼續買進了！」

他告訴高蒂拉，BBC超市的股價偶爾也會下跌。有時候是因為所有的股價都下跌，有時候則是因為年輕野兔對其他股票產生興趣，不熱中推薦客戶買BBC超市。BBC的股價一跌，你不僅可以以更低價位買到它的利潤，也以低價得到它的股利。這種狀況發生時，九月兔所計算出來的BBC報酬值就可能達到百分之八十或者更高。

「這時我就會買更多。我也會建議你買。

「不過我經常太急，買太快。有時在反彈回升之前，還會再跌一些。但我不在乎，我已經以很好的價位買到非常棒的公司股票，最後得到的報酬一定會高於平均值。」

　　九月兔知道高蒂拉想繼續聊下去，不過他還是建議休息一會兒。「或許，現在最該去波麗茶屋喝杯好茶，我們到那兒再繼續聊。」

16

下金蛋的鵝

選股的竅門、對新企業要多加考慮、股票買賣之道,以及停損
策略。

投資新事業很令人興奮,但投資的金額
決不要超過你準備輸掉的錢。

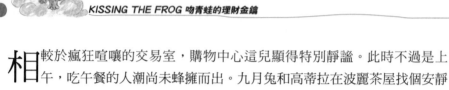

相較於瘋狂喧嚷的交易室，購物中心這兒顯得特別靜謐。此時不過是上午，吃午餐的人潮尚未蜂擁而出。九月兔和高蒂拉在波麗茶屋找個安靜角落坐下，繼續未完的談話。

高蒂拉急著問九月兔有關蛤蟆汽車公司的事。一開場她就提起在接待處遇到三月兔的事情，把三月兔的名片給九月兔看。

九月兔笑了一下。原來如此，高蒂拉造訪之前，那些年輕人竊竊私語的，就是這回事。但他絲毫不動怒，他還以為那小伙子，就是之前被他盯過的那隻，會更過分呢。客戶不會自己找上門，想成功，就必須採取行動，積極尋找客戶。

「他還在名片後寫上建議呢。」高蒂拉說，「老實說，我之前去郊區途中看到那些汽車後，也想過投資蛤蟆汽車公司，不過我很想聽聽你的意見。剛剛我們談到大眾交通公司時，你也提到汽車的快速發展。蛤蟆汽車算是好企業嗎？我應該投資嗎？」

九月兔馬上回答：「蛤蟆汽車具備優質企業的所有特質，在具成長潛力的市場中占有穩固地位，獲利表現也比其他股票的平均獲利率高。蛤蟆知道自己在做什麼，公司也經營得很好。但是……」他補充了一句，「這家公司的股票貴得不像話。」

他說，那些年輕野兔很愛蛤蟆汽車的股票，也不理會他要大家謹慎的叮嚀，而把這支股票瘋狂推薦給所有客戶。他告訴高蒂拉，目前有兩類型的客戶會熱絡買賣這類股票：一種是積極大膽的交易員，另一種就是只看指數的投資者。

積極大膽的交易員或許彼此不認識，但是當一支股票強力竄起時，他們就會頻繁進出，相互交易。這就像「傳炸彈」遊戲，最後一個接到炸彈的人就倒楣了。這種操作手法的主要概念，就是設法讓自己成為倒數第二個人，那麼你能盡情享受遊戲過程中的刺激及樂趣，也能藉此大賺一筆，但一定要趕在遊戲結束前出場。

　　若投資人想得到與市場指數相近的報酬，就很容易陷入這類交易。這類股票的股價一漲，會對指數造成重要影響。即使他們不想擁有這張股票，最後還是不得不買進。他們這麼做，是因為假設市場的人全知道他們在幹麼。

　　「他們這種假設，從某方面來看或許沒錯，」野兔說，「市場多數的買主賣主的確知道他們在做什麼：他們在做與眾人不同的事情。這種作法對市場運作很有幫助，因為如果人人都想以相同價格、在同一時間買或賣股票，沒有人做不同的事，就無法形成市場。雖然大家都知道自己在做什麼，但是這種價錢不見得永遠適合每個人。」

　　市場上有一種假設，「多數的買主和賣主都根據理性來做決定，所以市場價格準沒錯」，但老野兔認為，這種假設簡直愚蠢至極。某些投資者認為正確的價格，很可能不同於其他投資者；有些人則甚至不在乎價格，只在乎價格會怎麼波動。

　　「蛤蟆汽車公司是個很有趣的例子，他們目前的股價是企業盈餘的四十倍。我雖然很喜歡這家企業，也喜歡老闆蛤蟆先生，但我還是在股價到達三十倍時就脫手了。」

　　「你沒因此錯失很好的投資機會嗎？」

　　「我做得可對呢。」老野兔回答，「等到價格降一點，我還會再多買些他們的股票。放心，他們的股價會跌的，波麗茶屋的股票就發生過同樣狀況。有段時間，波麗這家小茶館的股票紅到不行，我一發現股價飆太高，就把手中持股出清，不過我最近又買回來了。這就是我想告訴你的另一種企業狀況。我辦公室裡有張圖表可以說明，回去再拿給你看。

　　「我賣掉後，價格繼續往上飆，」他繼續說，「或許我應該再等久一點，但是我看得出來，投資人已經開始玩傳炸彈的遊戲了，我當然不想發現身邊沒半個人要來接我的炸彈，落到自己變成那個最晚接炸彈的倒楣鬼。」

　　他說，**投資於急速成長企業的投資人，經常有錯誤觀念，以為這種飆漲**

的盈餘成長會永遠持續。這是絕不可能的，因為企業的顧客群到頭來會耗盡，之後企業就會邁入成熟期，盈餘的成長就會變少或趨於平均值。畢竟，所謂的平均值也包括那些成長的企業。

更常出現的現象是這些企業不再獨占市場。成功的企業一定會有競爭對手，這時就要找到足以吸引顧客的優勢，有人提供額外服務，更認真打拚，有些則打出低價，提供超值產品。沒有企業可以兩者並行，又能維持相同利潤，所以毛利率會下降，盈餘的成長也會趨緩。

要知道某企業目前的盈餘值多少錢，首要工作就是去判斷未來盈餘成長的走向，貓頭鷹一開始就是這麼找到「十七」這個魔術數字的。投資者很可能得長期持有優質企業股票，才會獲利，除非市場提供了一個很蠢的高價。千萬別誤以為飆漲的盈餘成長會永遠持續，你必須假設未來十年某個時間點，盈餘成長將會下降到平均值。

即使這樣，或許還是有人覺得付出高價來購買盈餘成長飆漲的企業很合理，但是沒有一個企業值得以其當前盈餘的四十倍來購進。即使你很喜歡這企業，也要有常識，等到大家都有「一般共識」，認為該進場時，你才進場。

❖　❖　❖

高蒂拉覺得這番話有道理，她繼續追問，有可能更早就辨識出優質企業，盡早投資，以得到最大獲利嗎？依照老野兔的一貫方式，似乎得先有證據，能證明這企業表現夠好，他才有興趣投資。

九月兔認為，新的事業可能很難捉摸，就像國王近期為了籌措費用來蓋露天劇場的屋頂，發行彩券事業。對了，國王想蓋屋頂，是因為之前他的小提琴音樂會被大雨給毀了，不過幸好那天國王聰明地穿對了衣服。

「投資啊，贏家一次全拿，」九月兔說，「輸家則幾乎傾家蕩產。」

他說，**有時，連看似很穩的新事業也不成功**。他最喜歡的創業故事就是〈下金蛋的鵝〉。

在戴爾農村地區，有個農夫養了隻基因特殊的鵝，這隻鵝會下金蛋。農夫一家悉心照料，希望養出另一隻像這樣的鵝，就是辦不到。他們可以拿金蛋買到任何東西，就是買不到另一隻能下金蛋的鵝。

他們養這隻鵝有段時間了，知道鵝終究會死，到時候好運就會跟著結束。

具創業精神的野兔，帶著輕率計畫趕來湊熱鬧。創業兔找來一群科學家和基因工程師，但他們的資金不足，只能湊到半數，另一半不足的金額則向大眾公開募集。這樣一來，他們有錢向農夫買鵝，也能支付複製鵝的研究費用。

這事業看似十拿九穩，鐵定成功，只要取得鵝的基因，複製出一隻新鵝就成了。只是這隻鵝完全不肯乖乖合作！

最後，他們決定用麻醉槍。他們挑了一種評價很好的麻醉劑，找了很多鵝來試，可惜啊，沒有一隻會下金蛋。而唯一會下金蛋的鵝，基因很特別，打了這麻醉劑後竟一命嗚呼。

他們努力搶救，仍舊回天乏術。據九月兔所知，下金蛋的鵝最後變成美味的盤中飧，可是投資者一口都沒嚐到。

整樁計畫中最聰明的就是創業兔，他沒用到自己半毛錢，透過募資就匯聚了一大筆錢。

九月兔笑著回憶這個故事的悲慘結局，不過一說完就指出重點：對於能吸引你想像力的新事業，試試無妨，只要實際一點就不會出大差錯。他提醒：**對該事業的體質所知愈少，愈可能賠錢。**

「**投資新事業的金額，絕不要超過你準備輸掉的錢。**這些都是未知的風險，而且變數更多。

「提醒你一點，」他補充了一句，「雖然有這麼多前車之鑑或資訊分析可循，但你還是有可能犯錯，因為你要做的是與未來有關的決策，而未來根本就不確定。壞事總會發生，有時你還會被騙。」

 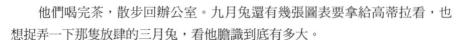

他們喝完茶，散步回辦公室。九月兔還有幾張圖表要拿給高蒂拉看，也想捉弄一下那隻放肆的三月兔，看他膽識到底有多大。

兩人邊散步，九月兔邊告訴高蒂拉「天邊遠山」那座礦場的故事。

「那裡的採礦業雖然沒有一飛沖天，但其實還算成功。對採礦業來說，這種結果很常見，因為他們對礦產的售價沒有掌控權，礦產的價格是由遙遙天邊以外的人所決定的。售價好，利潤就不錯；售價不好，利潤就差，有時甚至還會虧錢。在這方面，採礦業與營建物料業是相似的。

「礦業還有個問題，就是礦產終會耗盡。到那一天，你的投資就變得一文不值。因此，採礦企業的股價通常很低。」

九月兔告訴高蒂拉，人人知道「天邊遠山」礦場的壽命有限，但大家都期望能再撐久一點。礦場的股價時高時低，因為礦產的售價也忽高忽低，這是可預期的。礦場的高層曾宣布發現了另一處新礦床，值得開發，向烏龜借了很多錢來投資；沒多久，又說找到了另一礦床，一個接著一個。

其中一處礦床看似很有希望，很快就要開始生產。其他幾處的探勘費用則遠超過預估值，公司的債務因此愈滾愈大。礦場高層沒有將這些狀況對投資者據實以報。

屋漏偏逢連夜雨，此時全世界的礦產價格一落千丈，這家採礦公司被迫承認他們的獲利將會下降。此話一出，短期投資者開始瘋狂拋售股票，股價當然一瀉千里，低到足以吸引九月兔去買，雖然他並不喜歡這種無法預期盈餘的企業。

當然，高層傳出的訊息都非常正面：股價會回穩，新礦床即將上線。萬事俱備，唯一欠的東風就是得再跟烏龜多借點兒錢。烏龜開始緊張了，這企業怎麼一直來要錢？

「那隻烏龜可是很小心謹慎喔！」野兔說。

礦業高層開始賣掉與礦業無直接關連的周邊副業，但對烏龜而言，此舉等於賣掉了他手中的擔保品，所以他開始要求該公司還清貸款。

「對烏龜來說，生意就是生意。」九月兔說。

突然，礦場倒閉了，九月兔的錢賠光了，礦工也失去了工作。

從來沒有人全盤托出內幕，或許是分析師說謊，或許這本來就是一場騙局，當然高層的管理疏失也難辭其咎。

「不管從哪個角度看都很糟糕，搞到後來，根本沒有快樂結局。」九月兔嘆了口氣。「很長一段時間，我一直責怪自己怎麼沒看出那麼明顯的跡象。我不在乎投資標的物的價值變少，這種事情稀鬆平常，我在乎的是企業倒閉。不過到頭來，我還是只能接受事實，繼續過日子。我做過那麼多投資，這是唯一碰到企業倒閉的一次。

「這種事情也可能發生在你身上。」九月兔突然停下腳步，望著高蒂拉。「但是你也得知道，這就是冒險的代價。**如果你無法承受投資出錯，你就不可能嚐到投資的豐收果實。**不管你多麼努力，未來就是無法完全掌握。」

「不過，」他補充一句，「如果你做了功課，而且在合理的價位出手投資優質企業，豐收的機會還是大於出錯，而且整體來說，一定會表現得不錯。」

聊著聊著，不知不覺回到了野兔的辦公室。九月兔遠遠看到三月兔似乎認真地埋首於工作，至少他很努力避免與九月兔四目相接。

「高蒂拉，我今天就先說到這兒，你應該有個大略概念了。如果你決定投資股市，那麼另找一天，我們來談談你考慮投資的特定企業。今天最重要的是先讓你瞭解基本原則。

「對了，我說過要讓你看看波麗茶屋的圖表。看了這圖表，對於現在要不要投資蛤蟆汽車，你應該會三思而後行了。」

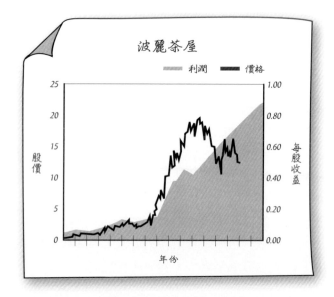

波麗茶屋

利潤　價格

　　「你看，投資者曾對波麗茶屋的前景過於樂觀，覺得除非有競爭者搶先一步開店，否則遲早街上到處都看得到波麗茶屋，他們便以過高的價位進場投資。」野兔解釋，「然而，波麗茶屋的成長一定有個限度。

　　「一旦業績成長幅度開始上下波動，股價就開始下跌，分析師就會修正成長預測。不過即使到今天，在我看來，波麗茶屋的前景應該還不錯，所以我認為，現在可以買進。股價衰退正好提供機會給長期投資者。我對果樹園公司的投資就是這麼操作的，結果投資績效非常好。你還記得幾年前的蘋果恐慌事件嗎？」

　　高蒂拉點點頭。她當然記得，還經常憂慮這種事會重演呢。

　　九月兔繼續說：「當年，回收蘋果導致果樹園公司的利潤大受影響，使得短期投資客紛紛賣掉股票，股價下跌。但其實這家公司經營良好，而且除了蘋果之外，他們也種植其他水果。股價下跌很可能只是暫時現象，不過投資人這種反應，的確會影響公司未來的營收表現。」

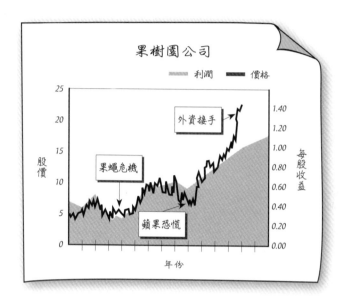

「事實上，在蘋果恐慌事件發生前，我就買了果樹園公司的股票。後來發生這事情，股價暴跌，我又趁機買了更多，因為分析師的獲利預測看起來都還不錯，而且水果人人都要吃嘛。

「當『國際乾果企業』決定收購果樹園公司，我簡直不敢相信自己這麼好運。你若投資優質企業，就會得到這種天上掉下來的禮物。優質企業的價值，別人也看得到，而且他們會想從你這裡買到該企業的股票。為了讓持有者願意賣出手中持股，他們的開價通常遠高於市場行情。事實上，得等好幾年，才能讓一般股價漲到他們開的價格呢。」

九月兔說，他現在也等著看BBC超市會不會出手來競爭，如果他們不買，他就要接受這家外資開出的價格了。

「小豬經營的某項投資也出現類似狀況，不過並不是有人想接手，」他澄清，「而是因為壞事發生，股價暴跌，但我卻因此撿到便宜，得到這天上掉下來的禮物。我對這個機會很期待，甚至想過向烏龜借點錢來投資，這樣能投

資的金額就不止手邊有的現金。

「這個投資就是由小豬所經營的『上等豬房產行』信託公司，擁有樞紐區購物中心和幾間辦公大樓，貓頭鷹辦公室那棟也是他們的。

「小豬說，『難題怪咖雪貂公司』表明不再續租他們的辦公室，但他們很有信心找到新房客，只不過有段時間的租金收入或許會減少。

「這還不是最糟的。他們還打算增資，在『豬景高地』興建豪華旅館。租金利潤下降，再加上增資興建旅館，眼前就無法創造出獲利，造成他們的股價一瀉千里。」

野兔告訴高蒂拉，雖然如此，他還是很欽佩小豬。「笨蛋才搞不出這麼大的名堂呢。」他認為這是個絕佳機會，能以低價買入很優的投資，高蒂拉也有同感。

她做過功課，知道小豬的房地產、知道所在地點，也瞭解小豬。別人眼中的野獸，在她看來可是美女呢。「愈瞭解別人不青睞的投資，就更能洞識出一般人的看法是錯誤的。」她這麼想著，不知道這道理適不適用在人身上。

九月兔對高蒂拉傾囊相授，教她如何辨識及投資優質企業。現在還有一個重點。

「你要懂得分散風險。找到十五隻俊美的青蛙，叫他們排排站，然後在他們臉上輕輕親吻一下。」

投資的股票真的不需要超過十五種。有了十五支股票，你就不會把太多錢全押在單一企業上。有人這麼說過：投資種類太少，就會承擔過多風險。

「你知道這所謂的風險是什麼嗎？就是『得到與股票指數非常不同的投資報酬』。那這到底是什麼樣的風險呢？有時候股票指數本身也是隻醜青蛙，你要承擔的風險就是：讓你手中的股票，在長期表現得比指數好，這點很重要。短期來看，或許不會太好，但投資本來就這樣，你要懂得掌握！

「當然，你不見得每次都做對決策，即使像我這種有經驗的老手，我的

成功打擊率也只有八成，十次有兩次會揮棒落空，至少短期內如此。但是如果我不允許自己有那兩次失誤，我就無法擁有那八次的成功。我就是無法事先預測那兩次，如果辦得到，我當然就不會投資了。

「有個理論說，如果價格掉太多，假設百分之十吧，你就得趕緊收手走人。對我來說，這種想法有點奇怪，因為當我出手買股票時，那些股票的價格可經常就跌百分之十以上呢。不過我會把這理論好好研究一下。

「我公司有個年輕的分析師，十年內觀察過上百支股票，她研究過，股價掉了百分之十後，股票的後續發展。她會從兩方面來看。一種是看這股價跌百分之十的次數，另一種是股價跌百分之十與其他東西相關的次數，這東西就是指數。

「你知道她發現什麼嗎？」九月兔問。

高蒂拉答不出來。

「她發現有五成機率，股價隔個月就回升，有五成則是繼續跌，而且回升的幅度高於下跌的幅度。她也發現，如果撐得夠久，那麼那些股價下跌的股票當中，有八成會股價回升，有時反彈回來的價位還不少呢。

「所以，現在一碰上我手中的股票跌價，我就會回頭去看看我以前的投資經歷，想想這些分析的結果，通常我會決定繼續持有。我買任何股票，很少設定絕對低點，這種作法太憑運氣了。

「你永遠沒辦法挑出那些會讓你揮棒落空的股票，有時候就是那些最不可能讓你失望的股票，害你搥胸頓足。我拿張圖表給你看，從這張圖表就可證明這一點。

「你知道你可以投資烏龜的公司嗎？那家公司叫『烏龜第一有限公司』，他不會讓大家遺忘那場使他名垂青史的比賽，所以啊，連公司名稱都要有他的名字，好讓他把握每個炫耀的機會。」

這會兒高蒂拉倒想起來，投資人有時會買進從未考慮過的股票。現在可沒什麼會讓她吃驚了。

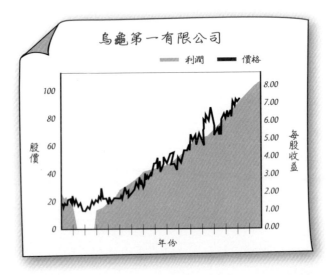

　　九月兔告訴她，從這張圖來看，這是一家優質企業，有持續性的獲利成長。烏龜採用了新技術，例如「自動烏龜提款機」，使其獲利表現高於大家的期望。

　　不過九月兔也要高蒂拉看看當年蛋頭鄧普提拉高利率，將許多企業逼入絕境的那段時期。當時烏龜虧了很多錢。發生這種事之前，你一定以為烏龜最穩當。從這些事情就知道，根本沒什麼最穩當的東西。高蒂拉這才發現，原來九月兔對烏龜的慘敗沒有那麼失望。

　　「你有很多企業可以投資。」九月兔指指後面牆上那些閃爍跳動的股價。高蒂拉看到有些熟悉的股票名稱，例如三隻山羊的「耐勞物業維護社」，如果考慮買他們的股票，就得好好看看他們的收益圖。忙碌的現代人多半找人來維修房屋，山羊的公司肯定有競爭優勢，再加上環保意識高漲，他們的獲利成長表現應該會很好。

　　她也從螢幕看到「巨人投資公司」的股價正往上捲。高蒂拉覺得這似乎會是個有意思的投資。巨人擁有很多基本設備與基礎建設，是大家都要用到

的，他們這家公司的獲利也應該很穩，不知道多少錢買得到他們的股票呢。

九月兔傾囊相授完畢，不過送高蒂拉出辦公室前，他突然想到該把三月兔叫進來。他拿起電話，說句「請馬上來我辦公室」。三月兔還來不及回應，九月兔已經掛掉電話。

見三月兔接完電話後驟變的神色，同事馬上猜到來電者是誰。大家從座位往下滑，將長耳往前拉來蓋住眼睛，忍不住咯咯笑。這隻三月兔有麻煩了。

三月兔披上外套，打上領帶，從容赴義似地朝著命運前進。他走到九月兔辦公室，有禮貌地先敲門，但沒等回應就逕自開門進入。他知道高蒂拉還在裡面，一想到這場「會談」有她在旁當觀眾，他就羞死了。

他挺立站著，肩膀一挺，雙手攔在背後，潛意識地想保護那蓬鬆的尾巴，免得遭受攻擊。九月兔起初故意什麼也不說，好嚇嚇他。

「我想，在高蒂拉見到我之前，你已經和她聊過了，是吧？」九月兔開門見山。

三月兔不知道該說什麼，大概只能硬著頭皮撐過去。

「只是無意中巧遇。」他保持鎮定，不在客戶面前丟臉。「我認出了您的客戶，抓住機會上前自我介紹，想說或許哪天有機會服務。」

九月兔對他的鎮定表現很驚訝。能這麼從容自信地扯大謊，這種能力應該也有助於他事業成功。九月兔決定發發慈悲，放這小子一馬，說不定讓高蒂拉和三月兔接觸接觸，或許也有幫助。

「依我看呢，」九月兔說，「或許你是有機會可以服務到這位客戶，只要她能忍受你三不五時的幼稚舉動。」

三月兔一動也不動。

九月兔接著把話題轉向高蒂拉。「我今天已經把我所知的，和我的操作手法，對你知無不言，言無不盡了。不過還有其他種投資方式。這隻年輕兔崽子的觀點和我不同，我想你聽聽看也許會有幫助。有時間嗎？」

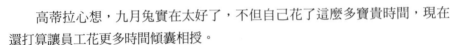

　　高蒂拉心想，九月兔實在太好了，不但自己花了這麼多寶貴時間，現在還打算讓員工花更多時間傾囊相授。

　　「我非常樂意聆聽別人的高見。不過我實在不好意思再耽誤你或你的員工那麼多時間，我想今天學的夠多了，夠我好好深思反芻了。」

　　三月兔憋到受不了，終於開口。「小姐，我跟您保證，絕對不麻煩。我可以打電話給您，跟您約時間嗎？」

　　高蒂拉同意。九月兔走到門口，示意三月兔可以退下，又補了一句：「我知道你有個朋友專做『新奇選擇權』，或許你也可以介紹高蒂拉給他認識認識。」

　　九月兔關門之際，年輕野兔點了點頭，回到座位上，難掩喜悅神色。這老野兔也沒那麼壞嘛。

　　九月兔送高蒂拉走出辦公室。「希望你不介意我沒先知會你，就逕自替你引介給其他人。我真的認為，多瞭解別人對買賣股票的想法，會很有幫助。唯有這樣，你才有辦法自己做決定。」

　　「你考慮得真是周到。」高蒂拉說。

　　「我得先提醒你，這隻年輕兔有很多有趣的朋友，」九月兔說，「他們會想跟你談選擇權或衍生性金融商品。如果你不和這些投資商品沾上邊，一切就簡單啦，但是一旦去碰，就是另外一回事嘍。

　　「不過多了解總是好事。如果你不介意，我會把他們那個複雜投資世界的狀況大概寫下來給你。在你進入那個黑暗世界前，可以先讀一下。」從他促狹的笑容看得出，這當然是玩笑話。

　　高蒂拉再次感謝九月兔撥冗傾囊相授，現在可有好多新知識告訴棕熊一家呢。

❖　❖　❖

　　「就是投資優質企業，我知道了，多謝啊，愛因斯坦。」塞席爾對高蒂拉捎來的最新訊息如此回應。

「給這女孩兒一個機會吧，老公。」貝莉兒要老公收斂一下，給他一個擁抱，還吻了他臉頰。

「真稀奇！」高蒂拉心想，貝莉兒今天怎麼對塞席爾這麼溫柔，很不一樣喔。

貝莉兒將注意力轉向高蒂拉：「親愛的，九月兔給了什麼意見？如何才能挑到優質企業呢？」

高蒂拉向貝莉兒保證，九月兔絕對消息靈通，貝莉兒一定會對九月兔的消息很感興趣。「他說，我們應該只投資在有獲利的企業。」高蒂拉也準備開始傾囊相授。

「智囊團又多一名生力軍啦。」塞席爾突然冒出一句。

塞席爾說話簡短又帶刺，真反常。「你今天的思考好像都很負面喔，」高蒂拉說，「你還好嗎？」

「真抱歉啊，」塞席爾回答，「我昨晚沒睡好，床太軟了。還有，我也不習慣跟人說太多私事。」

看見老爸如此待客，丹妮絲恨不得有個地洞鑽進去。

「請繼續說吧。」塞席爾說。

高蒂拉告訴他們，**優質企業過去的表現通常都不錯，一般說來，優質企業能夠掌握自己的命運。**當然不包括那些要依賴別人才能成功的企業。**過去表現好，就是個好徵兆，**代表企業經營得很好。

另外，聽聽分析師的看法，也能知道企業未來可能的獲利狀況。如果他們提供的資訊與該企業過去表現不符，你可能就得謹慎，再去找找其他資訊。

九月兔也說，不要想對新事業做過多投機性的投資，即使他們的主意聽起來很吸引人。只有時間才能證明那是不是個好生意。小心謹慎或許會讓你錯失很棒的新公司，卻也能讓你避開不少一起步就失敗的慘例。

「但我喜歡跟著我投資的企業從頭成長，」塞席爾不以為然，「而不是去搶搭那早已離去的公共巴士。」

「九月兔說，如果你想要的話，也可以投資啊。」高蒂拉這麼說，想讓他高興一點。「不過他建議只要小小賭一下，因為失望的機率可不小。」

丹妮絲和貝莉兒很同意這句話，她們比較想買烏龜和BBC超市的股票。貝莉兒也想買波麗茶屋，雖然她只踏進過茶屋一次，那次她去，才發現竟然無法把腿伸進桌子底下，因為桌椅的位置是固定的，動也動不了，害她只好站著喝完一杯茶。店裡人聲鼎沸，令她印象深刻，尤其是波麗自製的堅果藍莓蛋糕，更讓她念念不忘。她只希望這家公司也能為飩位稍大的客人著想一下。

說到飩位大，貝莉兒也想到，如果能低價買入「上等豬房產行」的股票，也應該很有賺頭。去過「豬景高地」實地考察的高蒂拉不也說過，從懸崖那兒就能見到令人讚嘆的美景？

蓋在那兒的新旅館一定會是她和塞席爾共度浪漫週末的好地方，不知道股東會不會有優惠價？

他們剛開始談起買股票時，貝莉兒還沒想到該買哪些公司的股票。在她心裡，她覺得這只是一種賭博，不想軋一腳。

但現在聽高蒂拉說，只要買熟悉的優質企業，並分散風險，投資於不同企業，在貝莉兒耳中，這些話聽起來都很有道理。

她知道股市會有低迷時期，但是他們一家已經準備好耐心等待，只要放在烏龜那裡的保本錢夠多，就能撐過去。

她很高興決定不買蛤蟆汽車的股票，並不是她討厭汽車，而是開車的那些人惹她厭。

高蒂拉也提到其他投資股票的方式，不過九月兔似乎對這些抱持著懷疑態度。她很高興三月兔會和她聯絡，提供更多訊息，到時候她就能決定該怎麼投資了。

❖ ❖ ❖

隔天，高蒂拉收到三封信，一封來自九月兔（顯然就是他說過的建議函），一封來自三月兔，是來約見面的邀請函。

第三封信則密封成卷軸，上面還有皇室的徽章，真讓人好奇。

丹妮絲將信拿進來，很好奇皇室寄來的信寫了什麼。「打開嘛，快打開呀。」她央求高蒂拉快點兒將答案揭曉。丹妮絲很興奮，貝莉兒則開始擔心。

高蒂拉先將另兩封放到一旁，小心翼翼地將來自皇室的卷軸攤開，就怕弄傷了卷軸，這東西可以讓她的皇室收藏品多添項「戰績」呢。是萬人迷王子寫來的。高蒂拉可不想再繼續在意他了，所以提醒自己謹慎一點。

> 熊女孩：
>
> 　我真想再見到你，我答應你不會亂來。我知道你或許有點害怕，所以我把決定權留給你。如果你想到任何妥當的見面方式，請捎個信給我。
>
> 　　　　　　　萬人迷王子
>
> PS.如果你願意，可以打電話到皇宮給我，我會吩咐他們把電話轉給我。電話號碼可從電話簿查到。

「給我看，給我看，我要看。」丹妮絲哀求，高蒂拉拗不過。「喔……」丹妮絲這小妮子發出怪聲音。

貝莉兒則沒那麼大驚小怪。她很掙扎，一方面想介入，另一方面又告訴自己，高蒂拉是個大女孩了，可以自己做決定了。如果真有需要，她再出面收拾殘局吧。

17

瘋癲帽匠的茶會

介紹期貨與選擇權；以選擇權為工具的投資策略，例如「買賣」策略。

電梯是股價，坐在電扶梯上的人
則是買或賣了選擇權。

高蒂拉打開九月兔寄來的信，如她所料，九月兔提供了一些訊息，以幫助她瞭解三月兔可能會談到的話題。

信上寫著：

親愛的高蒂拉：

昨天和你見面，非常愉快，希望你也有同感。你願意廣納建議，的確是明智之舉。

我建議你和三月兔聊一聊。但請別因此認為我贊同他的觀念，因為有些作法只適合心臟夠強的投資者。

一開始你可能會聽不太懂三月兔所說的，所以我在此提供一些背景資訊。三月兔個性雖好，有時卻太過自負，不過他的確很聰明，也絕不會故意害你，他的心術還算正。

附件是我答應寫給你的資訊，希望對你有幫助。如果你想和我討論任何想法，我很樂意奉陪。

隨信附上幾張字條，寫著：

三月兔他們非常喜歡以選擇權或期貨來提高投資報酬。一般來說，這類投資稱為「衍生性商品」。

這種投資並不適合每個人。有些人的確覺得這類商品很有價值，只是我覺得，如果你能專注於優質的放貸投資、股票投資、房地產投資，這套投資組合就能讓你獲得非常棒的投資報酬。冒過多風險，可能適得其反，毀了你原本的投資績效。

這種衍生性投資工具（稱為衍生性，是因為衍生自其他商品）起源於商品交易。舉例來說，田鼠的下一批農作物可能是小麥或大麥。如果大麥的賣價很好，他們就會想種大麥，但如果收成時，價格下跌呢？如果他們能簽訂合

約，以現在的價格將未來收成的大麥賣出去，不是很棒嗎？

同時，啤酒廠也擔心大麥價格會上漲。原料大麥一漲，產品價格也得提高，這樣一來，顧客可能就會轉買其他飲料。如果他們現在簽訂合約，以今天價格來買下未來收成的大麥，不是很棒嗎？

田鼠和釀酒廠可以簽訂這樣的合約，這就叫做「期貨契約」。雖然上述情況看起來很完美，但事情總有出錯的時候。如果收成時大麥價格跌呢？啤酒廠會開心嗎？或者到時候大麥價格漲兩倍，田鼠會快樂嗎？所以，如果他們雙方有選擇權，而不是被綁死在契約上，那麼雙方都會更滿意。

這種投資是這樣操作的：田鼠能以今天的賣價來買選擇權，但是沒有法律義務一定得遵守。如果收成時，價格較高，他們可以直接賣高價；如果收成時，價格下跌，田鼠就有權利以買選擇權時的大麥價格來出售。

釀酒廠也能今天的價格來買選擇權，但一樣可以不須遵守。如果收成時，大麥價格跌，他們可以直接用較便宜的價格來購買。如果漲，就能運用當初購買的選擇權，買到價格較低的大麥。

如果有人行使選擇權，那麼當中的損失就由當初賣選擇權的人來承擔。

購買選擇權的成本，高於期貨契約的成本，因為有人得承擔真正的市場風險。不過，選擇權具有很大的彈性，值得付出額外成本。

因為大麥的價格會波動，選擇權的價值也會變。三月兔就是因為這樣才進入這市場，而且這對選擇權市場來說是好的，因為有夠多的買主和賣家，才能讓整個市場運作得更好。

三月兔可以替客戶事先嗅到潛力，敏捷判斷價格波動，幫助客戶迅速獲取高利。然而，這個市場有贏家，也一定有同樣數量的輸家。有些人輸了，能接受這是投資風險管理的一部分，不會視為交易損失，但是三月兔的客戶就不太可能這樣想。

選擇權市場本來只從一種商品開始，但很快就會擴展到各類商品。然而，不是每個人都覺得這樣很好，舉例來說，三隻小豬就一直想把「豬腩」

（譯注：就是較有肥肉部位的五花肉，但在期貨或選擇權市場中，則稱之為「豬腩」）**從選擇權市場拿掉！**

衍生性商品的交易種類逐漸成長，從商品擴大到股票、房地產、利率，甚至市場指數，反正一切都只是個數字。所有設計都是讓想保住位置的一方，與想提高的一方來對賭。

三月兔他們最可能給你看的選擇權，應該是對股票的「賣權」或「買權」。

「買權」就是你可以要求某一特定股票，在未來以你事先設定的價格賣給你。

舉例來說，波麗茶屋的股價目前是一股十元，你可以購入一買權，未來三個月內以十一元買入波麗茶屋。也就是說，如果未來三個月內波麗茶屋的股價超過十一元，你就獲利了。

如果到時候波麗茶屋的股價沒有到十一元，你可以使用選擇權，不須真正買下股票。這種選擇權會失誤，讓你賠掉所有的投資。如果未來波麗茶屋的股價不太可能超過十元，那麼選擇權的價格就很低，例如○‧二元。但不管輸或贏，購買選擇權的費用都不能拿回來。

如果你已經有波麗茶屋的股票，那麼成為波麗茶屋股票的賣家（稱為「賣方」），就有機會提高你的獲利。

如果你賣一個波麗股票的「買權」給別人，那麼只要波麗茶屋的股價沒有超過十一元，你就能得到那○‧二元，也能保住波麗的股票。這稱為「買賣策略」。透過這種策略，即使你尚未持有波麗茶屋的股票，你也能賣選擇權給別人，讓他們能從你這裡買到波麗茶屋的股票。你什麼都不用做，就能得到○‧二元，但是得冒著未來三個月內股價漲百分之十的風險。

「賣權」與「買權」相反：你可以在特定狀況下，賣出你的股票。如果你持有波麗茶屋的股票，也害怕將來股價下跌，你就可以買一個「賣權」，這樣未來三個月內，你就有權利把波麗茶屋的股票以十元價格賣給那個向你買選

擇權的人。

如果波麗茶屋的股價跌到九元，你可以行使選擇權，以十元賣出。如果股價超過十元，那你的選擇權就失去價值，你當初買「賣權」的錢，假設是〇‧四元吧，也拿不回來。

如果你覺得波麗茶屋的股價不會跌，那你就可以賣「賣權」。如果股價真的沒有跌，那麼你就能保住〇‧四元，但若股價跌到九元，你就一定得以十元來買，因為你已經簽了合約。當初賣「賣權」所得到的〇‧四元雖然可以保住，但是你卻得以更高價格來買波麗茶屋的股票，而如果你想賣掉這股票，就會損失一元。

高蒂拉讀完九月兔提供的訊息，覺得很有趣但也很困惑。她希望三月兔能說明這些訊息對她有什麼助益、怎樣幫助她賺錢。

接下來要看三月兔的來信。

親愛的高蒂拉：

希望您不介意我如此直接稱呼您的名字。我的舉動似乎太過冒失，但我並不想給您錯誤的印象。如果您比較喜歡我以別的方式稱呼您，我們見面時請儘管說，我不會介意。

如九月兔所提，我有個好朋友，很有創意，懂得怎麼賺錢，而且他的想法也實在很有意思，應該會相談甚歡。

我的朋友叫瘋癲帽匠，我知道這名字很奇怪，但他真的很特別，他就是之前替國王發明武器的天才。到時我會在場，幫助你更瞭解他。

他開了一家私人主題樂園，樂園的每項遊樂設施都展現了他所倡導的投資觀念，實在很厲害。

我建議我們找一天去那兒。不好意思，我已經先跟他安排了後天。如果這時間不方便，請讓我知道，我們可以另做安排。不然我們就約兩天後的早上

九點，我很期待跟您見面。

隨函附上一張卡片，裡面有那主題樂園的詳細資訊。

我衷心期盼您會在那裡度過愉快滿意的一天，您可以攜伴同行。瘋癲帽匠相信，他的方法對任何人都是最適用的，所以人愈多愈好。

高蒂拉仔細看了隨信附上的卡片，突然有個念頭：這私人主題樂園搞不好是和萬人迷王子約會的絕佳場所，有旁人在場，又不至於太多，而且如果真如三月兔說的那麼有趣，即使萬人迷在身旁，她也能保持清醒。

高蒂拉好多年沒去過主題樂園了，想到有機會踏入，就雀躍莫名──或許不只是主題樂園讓她那麼興奮吧。

她照著萬人迷信上的建議，打電話到王宮給他。說不定這是洞穴裡這支電話的第一次任務呢。高蒂拉打電話時，貝莉兒正準備晚餐，不過平常該有的碗盤聲可不怎麼聽得到，因為她正放下手邊的工作，偷聽高蒂拉講電話。

如王子所承諾的，電話馬上轉接過去。

「熊女孩，我當然很想跟你見面啊。你有什麼建議嗎？」

「我的第一個建議就是，別再叫我熊女孩。」高蒂拉回答，「別人聽到你這麼叫，會搞不清楚到底是什麼。」

萬人迷噗哧笑了出來，問高蒂拉希望他怎麼稱呼？要不叫熊小姐、高小姐、或是小拉？她說，直接叫高蒂拉就好了，朋友都這樣叫她。

「所以我們是朋友嘍？」王子問。

「不，」她回答，「還不是。不過我可以忍受你這樣叫我。」

高蒂拉建議在主題樂園碰面，王子覺得這主意實在太棒了，聽起來就很好玩。玩耍是他最拿手的。不過他還是問高蒂拉，兩人在那裡見面是否妥當，要不，他可以先派個人去看看有沒有後門，他可不想遇上狗仔隊。

萬人迷王子低調現身。如他所計畫的，他由後門進入，穿著如其他外出

作樂的年輕人一樣光鮮，只是多了頂大帽子和太陽眼鏡。想到又能見到高蒂拉，他就喜上眉梢。

三月兔已經在約好的地點等候。他很高興見到高蒂拉，不過見到她帶來的同伴，更是喜出望外。他還以為高蒂拉會帶她的棕熊朋友來。

他知道高蒂拉人脈很廣，旁邊這位更是條大魚，他一定得好好表現，讓兩位貴賓刮目相看。

他不知道，其實萬人迷根本就是窮光蛋一個。王子對世俗的錢財根本沒概念，況且他也永遠不需要瞭解。不管他想要什麼，只要派人去拿，或者，偶一為之自己去取。就算自己去拿，只要簽個名，很神奇地就有人去付錢。他對價格根本沒概念，也不知道帳是怎麼付清的，對他來說，這就像個謎。

三月兔介紹他們給瘋癲帽匠認識。他事前提醒，他這位朋友看起來有點怪，還有個怪癖，說話時喜歡押韻兼出謎語。

大家見面時，瘋癲帽匠根本沒說話。他一直忙著在筆記本上計算，幾乎沒意識到他們就在身旁。

他果然看起來很奇怪。滿口暴牙，一張圓扁臉膚質極差，全身瘦巴巴。他那毫無身形的乾瘦身材，顯然需要吊帶來撐住褲子，不過他未免也把褲子拉太高了吧。他穿了件條紋襯衫，打了個碩大的圓點蝶形領結，腳上那雙白襪子上則套了涼鞋。從頭到尾不搭軋的他，還戴了頂剛好合他圓滾滾頭形的帽子，帽子上還有個會發亮的球體，閃呀閃個不停。

三月兔告訴他們，第一個遊戲是「直達巔峰」。他保證一定很好玩，因為有兩種方式可以到達上面，大家可以一起來比賽。

他們穿過鋪有大卵石的庭院，庭院正中央放了尊雕像。雕像的身形嚴重扭曲，高蒂拉很納悶，不知道這是尊寫實的雕塑，或者只是現代藝術作品？三月兔和瘋癲帽匠停下腳步，與擦身而過的人點頭打招呼。

「直達巔峰」是座高塔，三月兔解釋，這個遊樂設施會先把他們帶到地底下，這樣才能衝上最高點。

瘋癲帽匠終於開口了：

高就是低

低就是高

對我來說都一樣。

達到低點的最高峰

或者高點的最低峰

風景顯然沒兩樣。

乘電扶梯

或搭野兔的電梯

隨你高興挑

但別停

直抵高峰

就能知道我有幾兩重

高塔有很多門，門上都編了號，高蒂拉一眼就看出共有五十扇門可選。

「有很多遊戲同時進行，」三月兔解釋，「你們會玩到其中一種。」

他們從其中一道門進入高塔，看見正中央有部電梯，還有樓梯繞著電梯蜿蜒而上，一路到頂，也一路到底。

三月兔解釋，電梯叫做「市場遊戲」，他會在裡面操作。只搭「市場遊戲」上高塔，就是九月兔的投資手法：買進股票後就長期持有，不積極利用買進賣出來賺錢。

電梯有四種設定方式，「急速攀升」、「急速下降」、「緩慢攀升」、「緩慢下降」。操作的野兔或乘客都不知道下一個會出現的是什麼，電梯會自己設定。

三月兔說，這設施經過校正，所以電梯往上升的機率比往下降的機率多

了九成。但這電梯很特殊，不管怎麼升降，最後一定不會到達最高點。

　　他繼續解釋，至於那樓梯，簡直就是工程奇蹟。這是會自己移動的樓梯，不必自己爬，只要站在相同的位置上，樓梯就會往上移動。

　　高蒂拉在森林購物中心見過這種會把人由一層樓運送到另一層樓的電扶梯。這是「瘋瘋帽匠的選擇權電扶梯」，稱為「選擇權遊戲」。如果你站上這電扶梯，什麼鍵都不按，那麼這電扶梯就會跟著電梯一同上或下。他提醒大家一定要繫好安全帶，抓緊扶手。

　　電扶梯有個控制器，裡面有四種按鍵可選。這解釋起來會花點時間，不過一旦瞭解，就會發現其實規則很簡單。

　　第一個按鍵是「召買」，按了這按鍵，電扶梯就上升一點，所以可能電梯還沒上來，你的位置已經高過電梯。如果電梯移動速度很慢，不管上或下，那麼就算之後電扶梯必須與電梯同上或同下，電扶梯還是會比電梯高一些，畢竟電扶梯已經贏在起跑點。

　　電梯往下急降，電扶梯也會急降，三月兔又提醒他們，這時一定得牢牢抓緊扶手。然而，電扶梯還是會比電梯高一些，因為一開始就已經比電梯高了。

　　但是如果電梯往上急升，而電扶梯只上升一半，那麼電梯裡的人就贏了。

　　高蒂拉很高興她先讀過九月兔的信，聽得懂這遊戲的內涵。其實，電梯就是股價，上上下下很難預測。

　　如果搭乘瘋瘋帽匠電扶梯的人按了「召買」鍵，那就表示要賣一個「買權」：賣給某人權利，讓他們可以在股價上升至某點時，來買你的股票。緩慢的移動速度不足以啟動這個鍵，飆漲的股價當然就會，這時你就得提早出售股票，錯失其餘漲幅的獲利空間。

　　電扶梯一開始上升，就是賣出選擇權所得到的手續費。站在電扶梯上，你會比電梯裡的人超前四分之三，因為你已經有了這筆手續費。如果股價持續

飆高，你就得提前賣出股票，這時你就會輸。

高蒂拉心想，這個遊戲很好玩，規則或許有點複雜，但是一定也像其他遊戲一樣，等到真正跳進去玩，就更容易懂。

三月兔繼續解釋第二個鍵：「出售」。按下這個鍵，電扶梯會一開始就下降。電梯急速或緩慢上升，電扶梯也會跟著移動，而你終究會落後一小截，因為一開始就降了一些。如果電梯緩降，結果也一樣。你唯一會勝過電梯的機會，只有電梯急降的時候，因為這時你的電扶梯只會緩降一些。

這種情形高蒂拉也懂。按下「出售」鍵，就是指購買一「賣權」，買了賣權，表示你付錢給某人，讓你自己有權利在股價降到某點時將你的股票賣給他們。股價緩降時，不足以啟動這個「出售」鍵，除非碰上股價急跌。這時你就能趁早賣掉股票，避開剩餘跌幅的損失。

電扶梯一開始緩降的幅度，就是你購買「賣權」的手續費，這成本會讓你落後別人四分之三。一旦股價急跌，你就贏了，因為你可以在股價一路慘跌時，提早賣出，不至於承受整個跌幅的損失。

還有另外兩個鍵。

其中一個是「兩者」鍵，按下這個鍵，電扶梯會一開始就上升或下降，但幅度很小，之後的移動方向會與電梯一致，但是很緩慢。所以如果電梯的上升或下降的速度很快，就會咻的一聲，遠遠超前或落後在電扶梯上的人。

高蒂拉聽懂了，她知道這表示賣了一「買權」，且買了一個「賣權」。電扶梯一開始的微幅移動，是指買賣兩者手續費的差距。她很好奇，不知道這手續費是誰訂出來的，為什麼手續費會不一樣。在股票飆漲過程中，提早賣股票，就錯失了飆漲的獲利機會，而股價急跌過程中，提早賣出股票，也避開了慘跌的損失。

「這遊樂設施實在太厲害了。」她看著瘋癲帽匠，毫不掩飾自己的佩服。帽匠咧嘴一笑，露出一整排暴牙，被人這麼一誇讚，有點羞紅了臉，低頭看著自己那雙來回移蹭的腳。

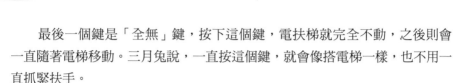

　　最後一個鍵是「全無」鍵，按下這個鍵，電扶梯就完全不動，之後則會一直隨著電梯移動。三月兔說，一直按這個鍵，就會像搭電梯一樣，也不用一直抓緊扶手。

　　萬人迷王子一點兒都不專心。什麼蠢鍵嘛，「召買」、「出售」，幹麼不用點大家聽得懂的白話文啊？高蒂拉專注聆聽三月兔解釋，不時點頭回應，王子卻只顧盯著高蒂拉，這女孩專注的神情好迷人。

　　「我覺得呢，」王子告訴高蒂拉，「電扶梯好像比較好玩，況且你對規則也比我懂，那就由你來搭電扶梯，電梯由我來搭。搭電梯我就不用做太多事，只要享受這趟過程就好了。如果途中我們到了同一高度，或許也可以交換呢。」

　　高蒂拉欣然接受這提議，她等不及要搭帽匠的選擇權電扶梯。

　　他們玩了好幾小時。

　　一開始，電梯每次都移動很緩慢。高蒂拉不斷按「召買」鍵，直到電扶梯遠遠超越王子所搭乘的電梯，因為一開始賣掉「買權」所得到的手續費就足以讓她遙遙領先。

　　電梯緩升，表示價格還沒漲到足以讓她賣股票，她還繼續保有手續費和股票。

　　然後電梯急速下跌，高蒂拉的電扶梯也是。幸好綁了安全帶，她才沒跌倒，她也記得要抓緊扶手。她有點氣惱，之前上升那麼多次，應該早預期到會下跌。她一開始贏了一些，但是她沒有按「出售」鍵，錯過了大幅超前的機會。購買「賣權」也是一樣，當股價下跌時，能讓她以好價錢賣掉股票，不至於承受更大損失。顯然，不能永遠都採用同一策略。

　　她仍是大幅領先。她心想，既然已經開始下跌了，或許現在按下「出售」鍵，也沒什麼幫助，便繼續採用「召買」策略。到目前為止，成效還不錯。

　　當然，慘跌即將發生。電梯緩慢移動，有時上有時下。她則繼續往上移

動，因為她一直採取「召買」策略。在真實投資世界中，這種上升來自於她承擔股價不會飆漲之風險所獲得的手續費。人就是這樣，嚐到甜頭就會一直抓著不放，所以她不斷按下「召買」鍵，她也因為手續費持續增加而不斷超前。

她想，電梯差不多要大幅上升了，所以她按了幾次「全無」鍵。看到電梯依然動作緩慢，自己也不再超前，感到有點挫折，又決定繼續採用之前的「召買」策略。

不可避免的事情終於發生了。電梯突然像火箭一樣向上飆竄，而她卻沒什麼進展。她之前賣「買權」，已經得到太多小幅上漲，現在該付出代價了。王子追上來了，甚至還些微超前，她失去先前的贏勢。她真氣自己，真是千金難買早知道！

王子可也沒浪費時間，在電梯裡，他和三月兔深談過了，三月兔更仔細解釋遊戲規則給他聽，讓他瞭解電梯的移動與高蒂拉的選擇權交易有什麼關係。聽得他躍躍一試。

最後，電梯和電扶梯達到同一高度。高蒂拉受夠了，在電扶梯裡，她得時時做決定，實在有夠累人，而且一個爛決定就可能毀了之前所有好決定。王子提議交換位置，她立刻欣然答應，甚至還很高興終於能休息休息。她進了電梯，繼續第二階段的遊戲。

她不在乎這段過程，只是輕鬆地和三月兔聊天，和王子交錯而過時揮揮手打招呼。熟練之後，王子對這套遊戲果真能應付自如。

她也開始思考整個經驗。電扶梯的移動完全視電梯的移動而定。人在電扶梯上，你就得去賭電梯的移動速度和方向。多數時候，電梯的移動速度慢，所以按下「召買」鍵似乎有不錯效果，至少不論電梯往哪個方向移動，都會贏一些。

如果電梯急升，你夠好運按下了「全無」或「出售」鍵，你就能保住原來的贏面。如果按下了「召買」鍵，那就像賣了「買權」，將失掉多數獲利，被迫放棄之前所有的獲利。

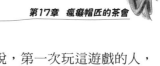

　　遊戲結束，高蒂拉比王子些微領先。三月兔說，第一次玩這遊戲的人，通常會得到這種結果。而搭乘電扶梯的人，會愈玩愈有經驗，技巧也會跟著精進。

　　誰先抵達頂點不重要，王子頂多再爬幾個階梯也能到頂點。雙方一起到了頂點觀賞風景，真是令人讚嘆的景色啊。高蒂拉發誓，她真的看見棕熊一家在遠方的洞穴。

　　飽覽優美景致後，三月兔好心地將電梯設定成直達地面樓層。

　　「這早上可充實。瘋癲帽匠正等著我們一起吃午餐、喝茶。待會兒，還有另一個好玩的遊戲要讓你們試試。」

　　穿過庭院時，三月兔突然又停下腳步，凝視雕像。他每次經過就這樣，讓高蒂拉很好奇，離開主題樂園前，她一定要搞清楚。

　　瘋癲帽匠擺上了他準備的商業午餐：三明治、餅乾、幾壺茶。高蒂拉和王子都餓壞了。

　　「玩得愉快嗎？」三月兔問，「現在你們應該知道，我說會讓你們體驗體驗買賣選擇權是什麼意思了吧？」

　　高蒂拉有個疑問。「我們決定賣『買權』或是買『賣權』時，電扶梯每次移動的幅度都有些不同。選擇權的價格到底由誰決定？」

　　「那些傢伙決定的。」三月兔指著一群穿著體面的野兔，他們正在玩雲霄飛車。高蒂拉看到他們多半是三月兔，不過其中有個年紀較長，看來應該是個頭頭。

　　「和『直達巔峰』參與者對賭的就是他們，當玩遊戲的人按下按鍵，就是由他們來決定電扶梯要移動多遠、往上或往下。這遊戲由他們掌控。」

　　他說，年輕野兔各自負責掌控其中一個「直達巔峰」，將所決定的移動方向通報訓練師，由訓練師來決定是否同意這樣移動。

　　「他們所在車廂的移動方向，恰好與電扶梯每次所做的決定相反，這就

像選擇權市場，每次有人贏，就會有人輸，輸贏的價錢絕對相同。」

　　高蒂拉瞭解了，就是這些人決定選擇權價格的。如果你賣了一「買權」，他們所在的車廂就會往下移動，因為他們必須付錢給你。如果你買了一「賣權」，他們的車廂就會往上移動，因為你得付錢給他們。真天才的設計啊，她心想。

　　「所以啦，電梯移動時，選擇權電扶梯也要加入，他們的車廂才會移動。如果電扶梯和電梯的移動方向一樣，他們的車廂就會靜止。反之，他們的車廂就會移動，來填補電扶梯和電梯之間的差距。」三月兔繼續解釋。

　　「如果你賣『買權』給他們，而電梯急升，他們就會大舉買進，所以他們的車廂會飆升，大賺一筆。如果你買了『賣權』，電梯急降，他們就會一路買低，他們的車廂會暴跌，如果跌得太猛，甚至可能粉身碎骨。

　　「很危險的遊戲。」三月兔補充了一句，「帽匠對玩遊戲的人有限制。一定得有資深經驗的老手陪同，才能上場，一開始曾造成很多悲劇呢。」

　　接著他轉向王子：「國王來玩過一次，輸得很難看，之後他就威脅要關掉這個遊戲。」

　　他說，帽匠增加了幾部可以同時玩的「直達巔峰」機具，以降低風險。也就是說，搭乘雲霄飛車的人將他們的風險分散，好降低自己的危險。如果電扶梯中有人按了鍵，他們就得全神貫注，評估要讓電梯移動多遠。如果判斷正確，就會一路領先。

　　他指指那群有資深教師在旁指導的三月兔。「那些都是新生，他們要在這裡練習設定選擇權的價格，然後在真實的選擇權戰場中出手操作。」

　　「所以，我在電扶梯上的時候，和我對賭的是他們，不是電梯裡的人？」高蒂拉問。

　　「沒錯。」三月兔說，「所以重點不是你贏或王子贏，事實上你們兩個玩的是不同遊戲。當你在電扶梯上，和你對賭的是在雲霄飛車上那些野兔。你贏，他們就輸；你輸，就是他們贏。

「有一點很重要：他們會讓你贏比較多次，不然就沒人要玩了。但是雲霄飛車上那些傢伙也不能老是輸，不然也沒人要在這裡玩。如果沒有人願意待在雲霄飛車上，那也就沒人可以操作直達巔峰的遊戲。」

高蒂拉覺得這很有道理。一定要有買家和賣家，才會有選擇權市場。如果有一方老是當贏家，肯定無法形成市場。也就是說，和一般人對賭的那方，一定是非常有經驗的老手，不然就會遭淘汰出局。

瘋癲帽匠終於開口，加入談話。

玩得認真

玩得好

累積財富嚇嚇叫

如果你輸

別人贏

怪自己，誰也怨不了。

高蒂拉明白了。如果你搭電梯，那就由電梯作主，你對結果絲毫沒有影響力。在電扶梯上，你則要努力去猜電梯接下來會怎麼移動，如果猜錯了，當然就很沮喪。

三月兔說，對那些不介意偶爾下降的人來說，採用「召買」的策略很有用。這可以讓你一路都獲得額外的報酬。

高蒂拉同意這聽起來很誘人，但是她也指出一點：股價飆漲時，就算不會賠上所有獲利報酬，也會吐回很多錢。「買權」策略可以讓你有穩定一致的獲利，但不見得是高獲利。此外，她也想知道野狼稅務官對這種市場造成的影響。

有買有賣，就得經常付稅給野狼稅務官，每賣一次「買權」的所得，就要讓野狼課一次稅。如果搭電梯，只有遊戲結束下電梯時，才須付稅給野狼，

而且稅率比一般所得的稅率低。

　　三月兔不太瞭解野狼，他只對獲取高利有興趣。高蒂拉建議他，如果他真愛自己的奶奶，最好也要考慮野狼的因素，預先提防，免得奶奶也被野狼吃掉。

　　高蒂拉指出，經常買賣，一定會產生很多成本費用。即使不買賣股票，也會買賣選擇權，這樣一來成本可不低。三月兔點頭如搗蒜，彷彿從沒想過這種事。「我想，這點的確要考慮，不過賣權呢？賣權可以讓你不會慘跌啊。」

　　高蒂拉也看出這種策略的優點，但是成本當然也會提高。你可以砸大錢買選擇權來賣股票，但這種策略只偶爾奏效。

　　她列出幾種可以避免重大損失的策略。

一、集中購買優質企業的股票。

二、投資於多種企業，以分散風險。

三、當市場過熱，股價高於企業既有獲利的十七倍時，就要避開，千萬別去買。

四、投資一些錢在房地產上，當股價很高時，就提高房地產的投資額度。

五、確保有足夠的收入，才不會被迫在低點賣股票。

六、手邊有點現金，也要有點存款，才有流動資產可運用。

　　她學到教訓了，知道如何避免過多風險。

　　「我大致瞭解選擇權市場存在的原因，還有這整套制度怎麼運作了。」高蒂拉問野兔，「我來說說我對這種市場的瞭解，你幫我指正我觀念上的錯誤好嗎？」

　　高蒂拉說，投資於股票的本錢，就是所有報酬的唯一來源。買或賣選擇權，什麼都不會增加，因為對每個贏家來說，都有一個相對等值的輸家。如果你只是單純持有股票，那麼會有三方參與你的股票報酬。

其一，你買賣股票時，證券經紀人野兔會得到手續費；其二，持有股票過程中，任何的獲利和賣股票時的資本利得（*譯注：capital gain，股票售出價格多於買進價格的利差*）都會被野狼稅務官課稅；第三方則是股票持有人。

如果你用到選擇權，則還會有另一參與者，就是向你購買選擇權的人，或者賣選擇權給你的人。一段時間後，他們必須分到報酬，不然就不會繼續玩下去。他們可以得到些許報酬，但野兔得到的更多，因為買賣雙方的交易次數愈多，野兔賺得的手續費就更多。如果最後你得到的所得大於資本利得，那野狼就會得到更多，而股票持有人則會得到較少。

高蒂拉想起來，九月兔曾在信件中提到，很多人不在乎成本，喜歡使用選擇權，因為這可以有更多種結果。於是，高蒂拉又說：如果某人比較在乎的是所得或避險，而不是股價成長幅度，那他們只要願意取得較低的報酬，就能承擔各種操作選擇權的結果。

王子真欽佩高蒂拉知道這麼多，他真希望自己聽得懂！他覺得選擇權遊戲很好玩，而他最喜歡好玩的東西。他不擔心野狼，野狼替父王工作，會聽父王的命令行事。

三月兔有點兒失望，高蒂拉對選擇權市場太清楚了，可能無法吸引她。他告訴高蒂拉，她說得都沒錯，選擇權交易的方式，遠比「直上巔峰」這遊戲所能傳達的多更多，不過基本上她的理解都正確。看來，大概不可能讓高蒂拉對選擇權感興趣了。不過，或許有機會和王子做做生意。

如果王子有錢，或許這是個機會，可惜他沒有，只是年輕野兔不知道。

不過三月兔還沒完全放棄高蒂拉，真正的好料還沒端出來呢，他知道下面這個遊樂設施，鐵定能讓她驚喜萬分。他曾把這遊樂設施介紹給其他客戶，效果都很棒呢。

皺皮兒

由衍生性商品所構成的結構性投資，也常稱為「避險基金」。

他們利用既有的放貸、股票、房地產等投資管道，有時再搭配點貸款、一些『賣權』或『買權』的選擇權，善用有效的稅務結構，然後就像變魔術一樣，變出了更好看的投資績效。

悠閒吃過午餐後，王子和高蒂拉準備好迎接下一場冒險。一行人橫越庭院，這次大家再次駐足凝視雕像。王子和高蒂拉一頭霧水，不知道為何老是如此。

「下午我們要玩的遊樂設施是『煙與鏡之屋』。」三月兔宣布。

瘋癲帽匠又做了一首詩來獻給大家：

> 我能讓你肥，我能讓你瘦
> 我能隨心所欲任意為
> 地面往下，我卻能讓你往上
> 興致一來，還讓地面更往下
> 你需要的，就是來一口我的神祕水，
> 感覺或許有點怪，
> 但老鼠試過，美味可口
> 大膽喝下不用怕。

和「直達巔峰」比較起來，「煙與鏡之屋」沒那麼激烈，不過也是個很聰明的設計。進去時每個人都領到一小瓶水，據說這水可以讓人縮小放大。瓶子上寫著「喝下我」，標籤上還注明只能聽從指示喝下一小滴。

走進「煙與鏡之屋」，裡面是個迷宮，迷宮裡有很多房間和走道，四面還鑲著凹面鏡及凸面鏡，鏡中的自己一會兒變得又高又瘦，一會兒又變得矮矮胖胖。走進某些走道，裡面的鏡子會讓你出現上百個反射，但有些走道裡的鏡子卻讓你完全看不到自己。

這種設計實在太有巧思了。朝下延伸的樓梯上方有個屋頂，但角度更往下傾斜，所以即使你的腿告訴你正朝下方走，你也會錯以為自己正往上走。除了這個，另外還有個完全相反效果的樓梯。這些設計讓大家覺得有點奇怪，甚至迷失方向。沒錯，這就是縮小放大屋的效果。

進入前，大家都要喝下一小口瓶中的水。高蒂拉打開門，和王子一起進入了縮小屋。他們走進房間，朝房間另一端右手邊那個很小很小的出入口走近時，這房間竟然變大了。高蒂拉和王子很納悶，自己怎麼可能變小到可以穿越那個迷你門，但他們竟然真的穿過了。

在門口他們又喝了另一口水，進入另一個房間，房間另一端有一個巨大無比的門。他們得變成很大，才碰得到門把。這設計實在太巧妙了，隨著他們每走一步，房間就縮小一些，讓他們以為自己每走一步就長大一些。

玩到最後，變回正常模樣，反而讓他們覺得全身不對勁。這遊樂設施實在太好玩了，他們忍不住要求三月兔再讓他們玩一次，三月兔樂於答應，再次將他們瓶子裡倒滿神奇水。

「可別喝太多喔。」三月兔笑著叮嚀，他們知道他只是開玩笑。

「煙與鏡之屋」太好玩，太奇妙了，不過高蒂拉還不知道能從這遊戲學到什麼。

他們玩了第二次出來時，見不到瘋癲帽匠，想必和其他遊客打招呼去了。高蒂拉問三月兔，這個遊戲和投資有什麼關係。

「瘋癲帽匠設計『煙與鏡之屋』這遊戲的目的，是要說明他的結構性投資工具可以製造出任何你想要的結果。」三月兔解釋，一臉志得意滿。「帽匠找來了森林中最優秀的人才、武器設計家、科學家、工程師，他們設計了這間『煙與鏡之屋』，讓大家看看他們怎樣把一般的正常經驗變得不正常。他們也創造調整出一種新的投資機會給投資大眾。

「他們利用既有的放貸、股票、房地產等投資管道，有時再搭配點貸款、一些『賣權』或『買權』的選擇權，善用有效的稅務結構，然後就像變魔術一樣，變出了更好看的投資績效。

「這些投資績效的面貌非常多樣化，有些可以獲得高所得但零成長，有些則是低所得但高度成長，或者可能具極優的稅務效果，或者兼具上述幾種表現組合。可說是任君挑選，應有盡有。

　　「就像『煙與鏡之屋』產生的視覺幻象，事實上，這些結構性投資的基本投資元素不變，只是你改變了它們的周遭環境。在你參與遊戲的過程中，你會以為自己變大或縮小了，但是你知道事實上自己沒變。」

　　他解釋，那瓶神奇水只不過是普通水再加點檸檬汁。水沒變，世界沒變，是這種設計的巧思和聰明的工程讓世界大不同。要將這些設計和工程結合在一起，所費不貲。

　　高蒂拉覺得能將各種投資的高報酬組合起來，實在太棒了。他們怎麼辦得到？他們怎麼有辦法將百分之十的報酬率變得更高，或者讓它變得更有潛力？他們怎麼能讓報酬所得變成成長的投資，然後將成長的投資又變成報酬所得？

　　簡直就像變魔術啊。

　　她回想到三月兔曾談過結構性投資工具的設計。

　　他說，他們會利用貸款，也就是「瑪德瑞多翹翹板」的財務槓桿作用，讓她的錢更「認真工作」，將所得變成具成長性的報酬，因此提高整體的投資報酬。

　　他還說，他們會使用一些選擇權。有經驗的操作者可以從選擇權中賺到錢，尤其那些將選擇權賣給一般大眾的老手，更能從中獲利。這就是將成長轉變成所得的方式。透過出售選擇權，你雖然放棄一些成長機會，卻能賺取更多所得。

　　此外，他們還會利用「野狼效力」結構。她想到了為王子的礦石開採計畫所特擬的「無狼免稅特區」，或許也有其他「無狼免稅特區」可以利用，以提供稅務有效報酬。

　　他還說，「煙與鏡之屋」所費不貲，關於這點她並不清楚，但或許那些優秀人才、武器設計家、科學家、工程師本來就不便宜，他們一定很懂得設計出一套方法來提高報酬率，讓投資報酬不僅夠支付他們的費用，還能幫客戶賺取高獲利。

　　三月兔從高蒂拉那明顯的神情，知道她正在思考剛剛所見的一切。他知道這次他占上風了。如果這些聰明人能設計出這樣一間「煙與鏡之屋」，他們顯然也就能夠設計出聰明的投資組合，讓你獲得想要的報酬。

　　「嗯……」過了一會兒，三月兔開口問，「你覺得如何呢？」

　　高蒂拉回過神來。「我想，我真的要謝謝你。在此之前，我完全不瞭解選擇權，『直達巔峰』這個遊戲真是寓教於樂，讓我弄懂了選擇權，知道真的有人能從中賺錢，尤其是那些設定選擇權價格的人。他們偶爾會慘敗，但多數時候他們都是贏家，或者說他們必須是贏家。

　　「我對借錢投資這種觀念還算熟悉，我知道借錢投資股票或房地產的人，所獲得的投資報酬必須比該付的利息多，雖然並非經常如此，但長期下來，多半是這樣。

　　「我也瞭解借錢投資時，要如何利用選擇權來避開鉅額損失，雖然會花點手續費，但可以降低風險。」

　　高蒂拉正統整自己這幾天所學的知識。

　　在這個思索過程中，她決定自己不需要借錢來獲取她想要的投資報酬。或許借錢投資可以讓她得到更高報酬率，但風險也會更高。如果連她自己都不想這麼做，何必花錢請人來做這些？

　　在她心中，她已經拒絕玩選擇權。她看得出來這種遊戲會改變報酬的本質，卻不一定可以提高報酬。玩這種遊戲，需要做很多功課，她覺得自己已經學了很多策略，可以不需要用到選擇權也能獲得她想要的投資報酬。花錢找人來代替她玩這些，只會花更多錢，雖然她可以因此得到他們的專業服務。

　　她決定付錢給烏龜、小豬、貓頭鷹，向他們諮詢，也會聘請九月兔。他們的專業都值得她花錢。但為什麼不多花點錢找人設計一套結構性投資工具呢？

　　雖然「無狼免稅特區」這種優惠很吸引人，但是她祖母還活著，她那麼愛祖母，可不想讓祖母受到野狼威脅。如果利用帽匠的方式來節稅，他就會把

目標轉移到帽匠的祖母，這樣一來，萬一出事，她的祖母也不會有危險。

沒辦法，她就是不信任野狼，但話說回來，誰會信任野狼呢？

想到最後，她還是沒個定論，決定將她的想法直接告訴野兔。

「我不知道自己是否喜歡結構性投資，我不覺得這真的那麼簡單，或許要視個別機會、組合的方式，還有誰參與其中等因素來決定。

「某些方面，或許就像看待企業一樣。」她驚訝自己的思路竟然清晰起來。「我會對企業的制度、過程、參與者的能力做投資，我需要瞭解，在我投資之前，這些參與者做過哪些事。

「所有的策略都涉及風險，他們這些人很可能讓我的錢承受過多風險，還向我收更多費用來提升自己的地位。我很懷疑，在正常狀況下，這些投資真的能表現那麼好嗎？我也很擔心，如果壞事發生，他們會怎麼做？」

「哇！」王子聽得嘖嘖稱奇。

「哇！實在太厲害了。」三月兔心想，「她已經知道得比我多了。」

但三月兔還是不輕易放棄。「如果我有機會提供更特別有趣的建議給你，你會考慮嗎？」

高蒂拉做出決定。「好，我會考慮，但我可沒承諾一定會採用。我現在可以清楚告訴你，我對賭博沒興趣，那種『只有我贏、別人都輸』的觀念，實在不吸引我。我喜歡雙贏的局面，我覺得這種狀況才最有可能成功。而且我只想考慮那些可以透過管理來證明真的可以成功的投資方式，就像對任何成功企業一定可以管理一樣。」

「聽起來很有道理。」三月兔說。

「或許你想見見有史以來最成功的結構性投資經理人，」三月兔說，「不過很可惜，他已經去世了，但我可以介紹像他那樣的人給你認識。」

他領著高蒂拉和王子來到庭院中間的那座雕像。「這位，」他虔敬地說，「就是有史以來最具天賦的結構性商品的專家，他叫做皺皮兒。他能把東

西變成黃金，他手指一碰，幾乎都能點石成金。」

「我有個叔叔也像這樣，」王子說，「但他並沒有因此而快樂。」

年輕野兔點點頭。「皺皮兒也不快樂，但他在工作方面真的很拿手，他幫助很多人賺很多錢。

「但最後他還是被挫折擊倒了。從這雕像你可以看出他長得真的很醜，他這輩子最想得到的就是女人的愛。就在他以為美夢將成真時，那個女人卻讓他失望。原來，她在乎的只是他製造財富的能力，到最後他根本崩潰了，死得很悲慘。」

這愉快的一天，就以這段悲慘故事來劃下句點。

三月兔向他們兩位道別，他覺得自己已經如預期般盡力了，即使結果不盡如意。「那個王子還有機會。」他心裡想，知道自己手中還有牌可出。

如果他發現什麼有趣的投資方法，他還會想到高蒂拉的。和別的客戶交談時，或許她的看法也能提供些幫助。

王子和高蒂拉終於獨處了，他謝謝高蒂拉陪他度過這一天。「能讓我送你回家嗎？」

高蒂拉拒絕。雖說今天和王子度過了愉快的一天，但她還是覺得自己搭馬車回家，對兩人會比較好。

「皺皮兒這花花公子真丟臉，」王子自以為幽默，「竟然毫無女人緣。看他長那樣，也難怪啦。或許他該趁她們睡著時來個霸王硬上弓。」

高蒂拉沉著臉，沒半點笑容，王子見狀也笑不出來。他看到高蒂拉的眼神非常堅定。他開始辯解：「我知道大家怎麼說我，我真希望你能相信我，那些謠傳，很多都不是真的。我過去的確做了很多事，連我自己也覺得有點丟臉，但是我絕不會不顧女孩子的意願，占她們的便宜。」

「那你幹麼不否認謠言，把事實告訴全世界，別只告訴我。」高蒂拉問。

「我聽從王宮裡那些顧問的話。他們建議我什麼都別做。他們說，不管

做什麼都沒用，反而讓大家以為那些流言是真的。我覺得他們說得有道理。

「大家只會選擇他們願意相信的，即使那根本不是真的。他們說那叫一般共識，不管怎樣都打不倒。

「沒錯，我不是天使，我也不想辯解。我想，我只是得比別人花更多時間，才能瞭解事情的輕重緩急。」

他說，王子這個身分的確很不尋常。他從小要什麼有什麼，不需和人分享。他從來不需要做決定，也從來沒被教導過如何做決定，所以也從未因做了錯誤決定而需承擔責任，那永遠都是別人的職責。

「父親甚至雇請了一個人，專門在我做錯事時，替我挨打。當然，我覺得他很可憐，但是如果要我自己去承擔後果，我覺得自己更可憐。

「那人和我長得很像。我非常嫉妒他可以隨心所欲來來去去，有段時間，我們曾偷偷交換身分。很幸運地，他比我乖多了，所以我不太需要家庭教師在我身後盯著我。或許他也希望我能像他一樣，當個傻小子。我很喜歡兩人交換身分，但是自由帶來太多需承擔的責任，我實在應付不來。

「但現在我已經不一樣了，我還打算改變更多。我非常希望你能參與我的改變。我不是在跟你求婚，反正現在不是。只要你願意讓我稱呼你高蒂拉，不是因為順口，而是因為你把我當朋友，我就高興了。」

高蒂拉被這些話語迷惑了。王子長得實在太好看，她也相信他是真誠的。她在他臉上輕吻了一下，轉身跑開。

「這表示答應了喔？」他在後面大聲問，笑容滿面地走向後門。

高蒂拉回到棕熊洞穴時，顯然大家正忙著手邊的事。這不尋常。自從接電之後，塞席爾看電視的時間反而沒那麼多，所以通常大家會坐在一起聊天或吵架。

塞席爾正在看貓頭鷹寫的最新文章。他抬起頭來，問高蒂拉：「玩得如何啊？」

　　高蒂拉將選擇權和結構性投資商品這些事告訴他們。花了很多時間解釋後，高蒂拉說，他們應該不會對這些有興趣。

　　其實更早之前，他們就有這種結論了。

　　「王子呢？」終於，丹妮絲提起了大家都很好奇的主題。

　　「他很有趣啊，」高蒂拉說，「我想，我滿喜歡他的，他也說還想再見到我。」

　　「喔──」丹妮絲又發出怪聲音。

　　這會兒塞席爾終於認真注意到高蒂拉了。「還是小心一點。如果他做了什麼錯事，一定要告訴我。世界上所有馬匹或兵力都無法抵擋我將他碎屍萬段。」

　　「我會讓他記住你這番話。」高蒂拉笑著說。

　　聽老公塞席爾這番大話，貝莉兒哼地一聲，轉身回廚房，顯然很不以為然。

美女與野獸

一年內發生好多事情。

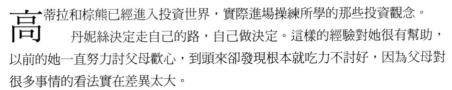

高蒂拉和棕熊已經進入投資世界，實際進場操練所學的那些投資觀念。

丹妮絲決定走自己的路，自己做決定。這樣的經驗對她很有幫助，以前的她一直努力討父母歡心，到頭來卻發現根本就吃力不討好，因為父母對很多事情的看法實在差異太大。

她現在很享受獨立思考，不再害怕有自己的觀點。說來古怪，這反而讓父親塞席爾開始對這女兒引以為傲，即使她的決定經常與父母的想法相左。她不再一味妥協，開始踏上自主的艱辛之途，捨棄那條聽從別人的輕鬆道路。

貝莉兒和塞席爾發現，只要有好資訊可供參考，夫妻倆就能好好合作，進行理財計畫。他們要的東西其實一樣，只是以前不知道。

對他們倆來說，投資的世界似乎很嚇人，塞席爾或許會戴上勇敢的假面具，但是他和貝莉兒一樣害怕。棕熊本來就不擅長表現出懦弱的一面。

對他們來說，投資是一頭得小心應付的野獸，但當他們花心思去瞭解這頭野獸，就發現其實不像他們想的那麼可怕。他們當然還得面對風險，但是他們已經懂得掌控的技巧。

以前貝莉兒都聽她周圍那些朋友的一般見識。那些人都是沒有錢卻熱中相信媒體的人，媒體總是充斥著悲慘故事和各種麻煩問題。

至於那些打拚事業有所成的人，卻很少躍上頭版。現在她知道為什麼會這樣了，因為這種常理的事情，不叫「新聞」。「一切正常，毋需害怕」這標題，從來沒出現在頭版吧！

當一切正常時，一般人自然都能過得很好，包括那些投資人。但壞事總會發生。有時候有失誤挫敗，但她現在知道這些失誤挫敗都是可管理的。很多時候有點挫敗，會比從沒有失誤來得好。

壞的事情偶爾發生，就成了大眾媒體的焦點，這些才叫做新聞。

就算壞事沒發生，媒體也會充斥著各種說法，預測壞事就要發生了。貝莉兒的朋友就是每天被這種新聞洗腦，所以之前的她也活得緊張兮兮。

真正的壞事根本沒法子阻擋。通貨膨脹可能再出現，國王可能宣布開

戰，這些壞事都會影響投資。貝莉兒比較擔心那些會發生在她摯愛家人，包括塞席爾、女兒丹妮絲，當然還有高蒂拉身上的壞事。

棕熊要買下居住的洞穴，或者更精確來說，曾經打算買。但那時的房價過高，小豬建議他們緩一緩。小豬實在很好心，因為這種建議其實擋了自己的財路，但是他們很喜歡高蒂拉，不想違背良心說話。

棕熊夫妻將要買房子的錢先放在烏龜那裡做定存。這筆定存快到期了，現在房價看起來也趨於合理。

此外，他們還看中了一款很適合他們碩大體型的車，空間正好符合他們的需要。

他們還在臭沼澤附近以幾乎免費的低價買了一塊地，在那裡種自己要吃的堅果和莓果，平日都會開車去那裡照料那些作物，摘採食物。

開車去那裡花不了多少時間，也不需在那裡待太久。那裡的氣味是有點不舒服，但土壤可肥沃得不得了。幾乎不用照料，作物就長得很好。

小豬發現這很有趣，他們長期關注房地產市場，卻忽略了臭沼澤所提供的農作商機。

臭沼澤的土地價格突然上漲，必然也能藉此提高投資所得。唯一需支出的花費，就是花錢買夾子夾住農場工人的鼻子，免得他們被臭氣給薰死，還要提供零用金，讓工人可以付給巨人通行費。

塞席爾很高興他們趁早買下這塊地，當時價錢非常低，現在卻價值不菲。不過他知道，等他們夫妻老了，丹妮絲一定會賣掉這塊地，因為她對耕種絲毫沒興趣。

棕熊夫妻不想一天到晚得做投資決策，所以貓頭鷹介紹一個和他們想法接近的顧問給他們。一年前，這位顧問還是貓頭鷹的祕書鳥，經過受訓後，已經能獨當一面。她在報上寫過很多文章，將功勞都歸於貓頭鷹。

她幫助棕熊找到適合投資的共同基金。他們挑選那些只專注於優質企業的基金，而且不需花很多錢就能買到。有時這些基金的表現不像別的基金或市

場指數那麼好，但塞席爾和貝莉兒知道他們自己在做什麼，所以他們不著急，堅持自己的投資計畫。

顧問的辦公室剛好就在他們家附近，不需開車去找她。這點讓附近居民鬆了一大口氣，因為塞席爾的開車技術實在不怎麼好，又沒耐心。每次開車去臭沼澤，夫妻倆又多了個吵架的藉口。

「天邊遠山」的礦石開採計畫還算成功。開採美麗礦石的經費不像大量開採一般礦石那麼多，不過還算足夠用來雇請工人，賺點微薄小利。

小豬很高興。老鬼鎮上的房子終於有了房客承租。但並不是所有房子都順利出租，所以他們還是得付錢給老山羊，請他們繼續維護那些房子。

不過至少他們能從中獲得些收入，而且現在有些人會到「天邊遠山」來走走，或許是來享受郊外風景，或來勘查勘查。自從老礦坑關閉後，這裡的山景變得漂亮多了。

有些遊客喜歡來這裡小住個一週，小豬也能因此收點租金。

小豬打算賣掉過去稱為老鬼鎮那地方的房子，覺得可以把變現的錢拿來做更好用途。不過這時烏龜卻很高興地接受這批房子做為擔保品，將錢借給小豬。

高蒂拉將美麗礦石區的獲利結果拿給九月兔看，九月兔很驚訝他們能有這種表現，建議他們讓股票公開上市。雖然募集到的資本不會太多，但是足夠拿來支付給小豬和烏龜，也能付點錢給王子。

這可是王子生平第一次自己身邊有錢呢。

他仍對寶石鑑定很感興趣，甚至有點沉迷。他不在乎自己已經不是美麗礦石場的股東，反正他可以想去就去，隨心所欲拿走他要的石頭，只要在辦公室裡的文件上簽個名就夠了。沒有人不滿或抱怨——當然，一定有人幫忙付了錢。

王子有了資金，終於能夠從事另一項興趣：選擇權交易。

王子打電話給三月兔，說想成為他的客戶，三月兔簡直不敢相信。商量之後，他們認為，王子應該透過信託方式來投資，免得身分曝光，於是他們成立了「漂亮男孩信託」。

野兔從未洩漏這位尊客的身分給任何人。櫃台那個可愛的兔女孩通常會說，「漂亮男孩打電話來了，我轉接給您」，他甚至沒在總機小姐面前洩漏口風。

三月兔將分析師的所有資訊提供給「漂亮男孩」，幫助他決定該怎麼做，不過一開始他的成果並不好。後來多虧高蒂拉幫助「漂亮男孩」瞭解訣竅——原來是要和分析師的建議反其道而行啊。

三月兔旋即發現漂亮男孩的決定讓人難以理解，他似乎忽視三月兔的所有建議。每次他代替王子買賣，就得拿出一大疊文件，證明他只是聽從客戶指示，以免九月兔懷疑他搞鬼。

但王子的操作績效開始變好，三月兔萬分驚訝，現在他幾乎完全遵照漂亮男孩的指示來操作，和他通完電話，一放下話筒，連買賣單都已經填好了。每次漂亮男孩要買「賣權」時，三月兔就會打電話給其他客戶，要他們賣股票。王子要買「買權」時，三月兔就叫客戶買股票。

沒多久，所有三月兔交易員全開始對漂亮男孩的操作手法有興趣。一發現訣竅，他們也趕緊通知客戶。漂亮男孩掛上電話後，交易室內，收銀機的噹啷聲此起彼落。

這種一窩蜂的跟進，讓王子更加成功，真是不可思議。隨著王子愈成功，大家就愈好奇他到底做了些什麼。漂亮男孩的真正身分更是媒體揣測的焦點，甚至有人說，或許他根本就在從事非法買賣。王子對此倒不驚訝，反正媒體總說他在做壞事。

三月兔的許多客戶玩「傳炸彈」玩得很起勁，一直到音樂聲戛然而止。

最後拿到炸彈的人當然不高興，不過就像三月兔說的，「壞事總會發生嘛」。

老野兔從不參與這種遊戲，他們只是等著優質企業的股價被壓低，然後就趕緊打電話給客戶搶進。不同的觀點和手法，讓市場得以繼續運作。這就是一種美，如果看仔細一點，你會發現這和龜殼的美沒兩樣。

現在該是王子面對自己心中那頭野獸的時候了：那頭吊兒郎當沒重心的野獸。

從他有記憶以來，他就一直和這隻野獸對抗。他曾做出一些非常糟糕的決定，但現在他對美麗礦石的興趣及專注，以及「漂亮男孩信託」的投資事業，就夠讓他整天忙得團團轉。此外，他還想要有妻子及自己的家庭，他想要把精力放在有用的事情上。

他很努力讓高蒂拉願意成為他未來的一部分。

他的努力終於有了回報。高蒂拉答應參與他的未來，他們打算結婚了。

真是矛盾啊，高蒂拉曾花了那麼多心力來學習怎麼理財，現在她卻要成為絲毫不需理財的王妃。

但這不表示她的努力白費了。

她成立了高蒂拉慈善基金會，替各種睡眠障礙的研究經費募款。她特別想幫助那些因為腦炎、慢性疲倦症候群而陷入昏迷的人。她對這些疾病的興趣，完全不是出於自私的個人因素。

她聘請了很多顧問，也考慮他們的建議，多數的建議都很不錯，她很樂意付費購買他們的專業服務。貓頭鷹建議她投資某些被過度高估的市場，這些市場裡有些投資機會，若以能合理的價位買到，就能回收很好的報酬。

小豬則幫她挑選值得投資的房地產，代替她管理，藉此賺取管理費。她甚至買下了貓頭鷹辦公室所在的那棟辦公大樓。「難題怪咖雪貂公司」搬走後，小豬找到了新房客，不過他們還想在王宮附近蓋座新大樓，大樓地下室會有停車場，這將是樞紐區首座地下停車場。

　　他們很樂意售出這棟大樓，因為這是個雙贏的交易。至於高蒂拉，只要貓頭鷹的房租一進帳，她就很高興。收到的房租，已經讓當初買入這棟辦公大樓的錢漸漸回本。

　　九月兔就快退休了。他找了一位六月兔來幫高蒂拉找出值得考慮的優質企業，挑選基金會可投資的股票。

　　高蒂拉喜歡的企業約有五十家，或許其他也很不錯，但是這些名單就夠她好好研究了。多數時候，她只是等著好價錢出現，然後出手購買這些企業的股票。

　　雖然基金會適用於「無狼免稅」的資格，賣了股票的所得不須課稅，但她還是很少賣股票。如果價格真的飆漲到很離譜，她就會先賣掉以獲取高利，不過最後她經常發現這樣不一定值得。她認定的好企業，通常會被併購，如果她把股票先賣掉獲取短利，搞不好就會錯失將來併購時的高價。

　　投資的企業被購併，是件好事，這樣一來基金會就能大賺一筆，還有機會將獲利轉投資於能夠以低價取得的標的物。

　　她也曾遇過一些野獸，卻發現牠們沒有那麼令人不悅。

　　她遭遇過生命的轉變，從孩童變成大人，開始承擔自己的責任。

　　而她也遇到了後來變成她生命一部分的那頭野獸，就是許多人至今還會挖苦稱之的萬人迷王子。

　　以前的他或許是頭野獸，現在也可能還有點獸性，例如偶爾喜歡在眾多陌生人面前稱高蒂拉「熊女孩」，這可真讓高蒂拉丟臉死了。

　　從和王子交往的經驗，以及親身的投資經驗，高蒂拉學到，要對一般共識保持懷疑態度。這就是成長的必經過程。

　　她不是那種老喜歡和人唱反調的女孩，很多時候，一般共識都還算有道理，但至少得先自己花心思去確認過。

　　至於野狼是壞蛋這種一般共識就沒什麼好否認的。身為王子的未婚妻，高蒂拉曾親眼見過野狼稅務官，他果然是個卑鄙小人。

　　她沒見過壞巫婆，也不想見。如果國王和民眾願意花點時間瞭解巫婆為什麼要做一些事，或許森林王國會變成一個更好的地方。但是，壞巫婆和森林王國恐怕還得經過很長一段時間，才能相互瞭解。

　　高蒂拉最大的喜悅，除了成為王妃，就是她發現，只要願意不辭辛勞去獲得更多資訊，就能找到不具常識的一般共識。

　　把這點運用到投資，就是指能夠專注於投資的所得以及未來前景。在一般共識所認定的不良企業當中，她可以從中找出優質企業。一般共識的確有可能出錯。

　　她認為這就是貓頭鷹教給她的最重要的事。

　　她會永遠感激貓頭鷹。

　　棕熊一家、貓頭鷹、小豬都會出席婚禮，就連烏龜也被誘出龜殼，前來共襄盛舉。最會譁眾取寵的媒體則以巨大篇幅揣測老國王當天會穿什麼衣服出席。

　　幸好國王給露天劇場搭了屋頂，成了室內禮堂，就算天公不作美，事情也不會出錯。

　　高蒂拉將收集的王宮紀念品全送給貝莉兒。她知道貝莉兒非常喜歡與王室有關的任何東西。從現在起，高蒂拉自己也將變成王室紀念品了。

　　王子特別努力討好貝莉兒。雖然她很固執不好應付，但是討貝莉兒歡心，對高蒂拉來說很重要。貝莉兒的態度慢慢軟化了，最後她也替王子感到可憐，並衷心希望王子找到真正的幸福。

　　貝莉兒唯一擔心的是，高蒂拉將要大開眼界，開始全然不同的新生活。萬人迷王子或許沒變成青蛙過，但他還是隻青蛙。所有男人都是青蛙，特別是家裡那個塞席爾！

　　其實她不需要擔心，高蒂拉讀過很多已婚人士的經驗談，大家結婚後都過得很快樂。不過這種完美結局反而讓高蒂拉覺得他們有點可憐，這種太幸福

的日子一定很無聊。

「就像跨越蜿蜒草地，」她心裡想，「當然很輕鬆，但這樣有什麼挑戰呢？這樣平平淡淡的日子，沒什麼好回顧，也沒什麼可期待，反反覆覆都一樣，太無趣了。」

她寧可選擇「天邊遠山」那種有低谷、有高峰的生活，雖然日子可能會艱辛點。走到低谷或許還會有另一番景致，還能從那裡仰望一心嚮往的山巔。山巔的確值得人嚮往，從那兒你可以居高臨下，回首一路走來的旅程，思索前方的道路。沒有低谷，就不會有山峰，如果你不打算走下坡，就不會有機會走上坡。

她知道前方路途將會起起伏伏，包括她的投資道路，以及與王子攜手相伴的人生旅途。

她也知道，不順遂時，她和王子將會一起解決。共同面對難關，可以讓感情更穩固，或許甚至比一帆風順更能增進兩人感情。

而且，就算兩人不會永遠每天快快樂樂，但這樣生活也很有趣啊。親吻了青蛙，不就是這麼一回事嘛。

後記

《吻青蛙的理財金鑰》是一本探討投資的嚴肅書籍。所有的觀點都是根據實際經驗,以及對可公開取得之資料加以分析而形成的。「投資於能讓你賺到收益的標的,而且不要以過高成本來取得投資標的」,這些最基本的觀念都不是什麼新玩意兒,我們卻經常忽略。景氣蓬勃、投資氣氛熱絡時,最容易忽略這些觀念,但也就是這種時候,最容易賠掉大錢。過去二十年,我們把這些投資守則運用在自己和客戶身上,結果證明,效果非常可靠,有時甚至有優異投資表現。

貓頭鷹的主張

貓頭鷹談到的市場投資報酬，主要根據美國市場的表現。此資訊是根據席勒（Robert M Shiller）網站上的資料所寫成（http://www.econ.yale.edu/~shiller/）。幾年前，席勒教授寫過一本重要著作《非理性繁榮》（*Irrational Exuberance*），另外還有許多談論股票市場及投資風險的書。他慷慨應允我們下載數年前的許多資料。

貓頭鷹談到的許多論點，也符合澳洲市場的狀況。看到同樣的現象出現在非常不同且相距遙遠的市場，讀者應該可以感到安心，因為這表示貓頭鷹強調的原則的確很重要。

股票風險溢酬

貓頭鷹說，標準的股票風險溢酬的投資者，其投資目標是要超過貸方所設定的百分之五，這是根據長期平均值計算出來的。荷蘭銀行（ABN-Amro）在其出版的《二〇〇六年全球投資報酬年鑑》（*Global Investment Returns Yearbook for 2006*，倫敦商學院的Elroy Dimson、Paul Marsh、Mike Staunton等人編著）中，曾計算十七個國家（十七是個神奇數字）於一九〇〇年至二〇〇五年的股票投資報酬、固定利息等資料。兩次世界大戰和經濟大蕭條都發生在二十世紀前五十年，這段時間內，許多國家的投資市場要不是極度受到規範（固定利息），就是極度不受規範（股票），而且市場運作起來有點無效率。

下表是從這份資料中抽出一九五〇年之後的五十年來看，這段期間，世界政經少不了劇烈變化，例如區域性戰爭、恐怖活動、自然災害，還有許多國家面臨長期的高通貨膨脹。

1950-2005年各國狀況	通貨膨脹	股票投資報酬	固定利息	風險溢酬	股利
澳洲	5.5%	12.0%	6.3%	5.8%	5.4%
比利時	3.6%	10.2%	6.8%	3.5%	3.9%
加拿大	4.0%	10.7%	6.5%	4.3%	3.4%
丹麥	5.1%	11.8%	8.5%	3.3%	3.9%
法國	5.1%	12.6%	7.6%	5.0%	4.2%
德國	2.7%	11.7%	5.7%	6.1%	3.1%
愛爾蘭	6.1%	13.6%	7.6%	6.0%	4.6%
義大利	6.3%	10.9%	7.4%	3.5%	3.6%
日本	3.7%	12.4%	5.8%	6.6%	3.1%
荷蘭	3.8%	11.6%	4.9%	6.7%	4.8%
挪威	5.1%	10.2%	6.4%	3.9%	3.2%
南非	7.7%	15.1%	9.0%	6.1%	4.9%
西班牙	7.5%	13.1%	8.3%	4.8%	4.2%
瑞典	5.1%	13.8%	6.9%	6.9%	3.3%
瑞士	2.8%	9.3%	4.1%	5.3%	2.5%
英國	5.8%	13.5%	7.4%	6.1%	4.8%
美國	3.9%	11.5%	5.5%	6.1%	3.5%
平均	4.9%	12.0%	6.7%	5.3%	3.9%

　　有人質疑，我們只取簡單的平均值，而沒有對大市場，例如美國和英國的比重予以加權。但我們認為每個國家都代表一個市場，每個市場的經驗都不一樣，都有各自的內政議題，受到世界情勢的影響也有所不同。採取平均值，是讓不同地方的投資者都具有相同的重要性。

　　從上表可以看出，這段期間各國的股票投資報酬都有百分之十以上，但是通貨膨脹也都超過百分之三。平均的股票風險溢酬也略高於百分之五，雖然不是每個國家都是百分之五，但如果以為投資者的風險溢酬都可以有百分之五，可就大錯特錯。

投資報酬率與通貨膨脹的比較

　　貓頭鷹認為，通貨膨脹率低時，利率約為百分之五到百分之六。如果通貨膨脹超過百分之三，利率就會上漲到通貨膨脹率加上百分之三的水準。下圖是美國一九六〇到二〇〇四年的利率走勢圖，指標則是指運用貓頭鷹的簡單法則所能預期的利率水準。澳洲的數據與美國差不多，不過澳洲並未出現美國二〇〇一到二〇〇四年間那種低利率。二〇〇四年之後，美國的利率就逐漸上漲回百分之五到百分之六。

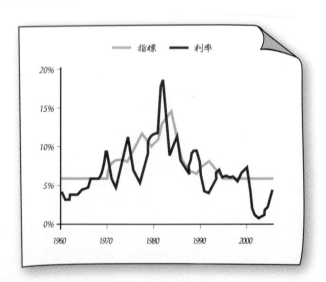

　　貓頭鷹對平均盈餘報酬率（本益比的相反）也有類似看法。他說，通貨膨脹低時，盈餘報酬大約有百分之六。記住，一百除以六就是十七。

　　當通貨膨脹超過百分之三，投資者期望的盈餘報酬率就要比通貨膨脹率高百分之三點五。下圖是美國一九六〇年至二〇〇四年間，真正的盈餘報酬率，以及根據貓頭鷹的法則所預測出來的指數。貓頭鷹的指數趨平時，可以看到通貨膨脹率都等於或低於百分之三。

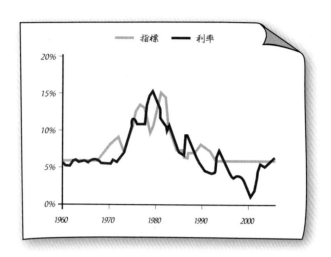

這些圖的期望報酬率和真實報酬率並不完全吻合。二十一世紀初期出現低盈餘報酬率，是因為當時正是席勒教授所描述的「非理性繁榮」時期，也就是科技泡沫化時期。這個詞不是席勒教授所創造的，他只是採用葛林斯潘（Alan Greenspan）對股票市場評估的描述。從這些圖可以發現，採用貓頭鷹那簡單的經驗法則，並不會造成嚴重錯誤的投資判斷，因此讀者可以放心採用貓頭鷹的法則。

十七

貓頭鷹以本益比「十七」做為市場的合理價位。如果購買的價格低於十七倍就沒問題，如果高於十七倍，就要小心。抓緊十七這個數字，是當前降低風險的最主要策略，但這不表示低於十七倍買進就不會遭受損失，買高於十七倍就一定不會獲利。事實上，很多人覺得十七這數字太高了。無疑地，像澳洲這種由銀行和礦場所主導的市場，通常其本益比會低於美國。

各國的平均值通常低於十七，尤其在澳洲更是如此，但美國也是一樣。平均來說，各國股市幾乎都能提供高於百分之十的投資報酬，因此，真正的問

題在於你是否要因為本益比高於平均值而選擇退出股市。即使在澳洲，利率約為百分之五，本益比為十七或更少的情況下，多數人通常會選擇投入股市，而非把錢放在銀行。降低本益比（假設十五）的結果，就是十年的投資報酬率將會每年降低百分之一‧五。即使這樣，除非情況很糟，不然股市的表現也一定會比押在固定利率的報酬率更高。

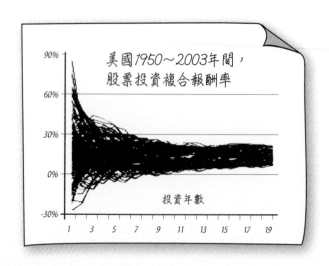

從上圖可以看出，美國投資者從一九五〇年三月到二〇〇三年十二月間，投資年數達二十年的季報酬率。這圖顯示的是你期望的報酬率的正常分布狀況。前幾年的結果分布非常廣，但隨著時間，景氣好壞相互抵銷，可能的投資報酬的範圍變得更接近。經過二十年後，所有的投資報酬率都落在百分之七到百分之二十之間。

下圖顯示的則是當市場價格超過十七本益比太多時（或者如貓頭鷹所訓示的，在高通貨膨脹、本益較低的狀況下），投資人避開股市所造成的結果。

長期的投資報酬看起來都一樣，如果在股市二十年，自然會經歷到好日

子與壞日子。從下圖中要注意的是，前幾年，低於零的密度較沒那麼高。貓頭鷹的策略已經降低了早期損失的風險。

貝莉兒所擁護的十七這個數字的相關資訊，來自名為「黃小豬」的網站（http://www.vinc17.org/yp17/），我們不保證這些資訊的正確性。

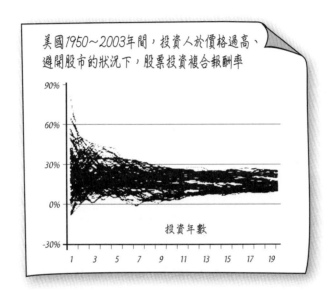

美國1950～2003年間，投資人於價格過高、避開股市的狀況下，股票投資複合報酬率

股市報酬率達百分之十

根據上述的平均值來看，百分之十的股市報酬率似乎有點低。如果你假定投資報酬（包括盈利成長與股利）是百分之十，唯一會改變的是本益比變成十七，這時來看看美國投資人十年的真正投資報酬，會看到很有趣的現象。這個小測驗讓你知道，你過去以為「本益比不變，還能得到百分之十投資報酬率」這種假設其實是錯誤的。

下圖所顯示的，是過去十年真正的投資報酬率，以及本益比維持十七的狀況下，預期十年的投資報酬率。

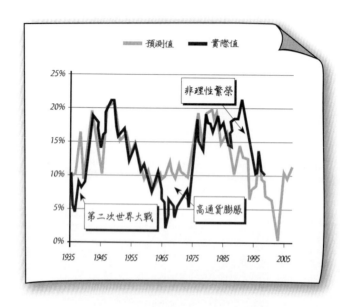

如果在一九三五到一九四〇年間投資，你可能會失望，因為這段期間的投資報酬率低於預期值。然後，第二次世界大戰開打。接著，如果你在一九六五到一九七五年間投資，期望能獲得百分之十的投資報酬，你也會失望，因為你會遇到石油危機和高通貨膨脹，使得當時本益比大幅下降。當時貓頭鷹借錢來投資也輸得很慘。

接下來，如果你因為怕股價太高，而沒投資一九九二年的美國市場，那你就錯過了大賺一筆的機會。美國投資者在一九九二到二〇〇二年之間，享受了百分之二十的高報酬，部分是因為非理性的繁榮。至於其他正常期間，預測值可說非常準確。

房地產價值

貓頭鷹在第五章所提供的森林樞紐區房價圖，其實是澳洲雪梨的住宅房價圖。

收藏品

貓頭鷹認為,收藏品價值的改變,也讓收藏家的財富價值跟著改變,這種看法與全球最大債券基金公司「太平洋投資管理公司」(PIMCO)的首席執行長葛羅斯(William H. Gross)所發行的即時通訊中的訊息一致。他的評論主要是針對郵票收藏,關於這點,我們還未公正客觀地去驗證過他的觀察(但希望他自己驗證過)。

一般人直覺會認為這種觀點有道理。這讓我們想到豪宅的基本原理也是這樣,對擁有豪宅的人來說,買不買得起不是問題。很多城市都有富豪名流聚集的區域,那些區域通常有絕佳美景。造成這些地段的價值改變的因素,與影響一般房地產市場的因素,並不相關。

小豬的主張

本書中,小豬對於房價波動和各類型房市差異的看法,都是根據我們和房地產專業人士的討論心得,以及長期觀察房地產投資的結果。一般來說,房地產投資的數據資料非常少,而且不可靠。

一般對房地產投資的論述,通常關注的是能否負擔房價。要買一般住宅,通常需要貸款,首次購屋者更是。每次住宅房價要高漲或大跌,或者利率改變時,媒體就會經常出現購屋力多年來已經到達低點或高點的報導,這表示一般人收入所得中,有些比例是準備、或者能夠用來購買房子。

如果讓利率和購屋力一直固定在相同水準,那麼唯一會讓房價增值的條件,就是家戶所得成比例增加。但有個前提,就是供給和需求維持完美的平衡,但事實上卻很難達成。

房地產投資報酬,與股市投資報酬之比較

本書有個籠統的觀察,但還未被證實:對被動的投資者來說,長期來看,股票投資報酬率和房地產差不多。這種看法不同於一般觀點:股票投資者

會獲得更高報酬率，因為他們要承擔更大的風險。這裡所說的風險是指投資價值的波動幅度很大。

長期投資於上市的商業不動產（例如「上等豬房產行」）的股票，或其他股票，兩者的投資報酬率差異非常小，但兩者的獲利時間不相同。

企業的獲利盈餘增加，其股價就會增加，而住宅房價的增值通常與購買力增加（薪資提高）有關。企業獲利和薪資提高，都受限於經濟成長，而且兩者的增值幅度可能都小於經濟成長的幅度。有許多研究顯示，長期的每股盈利的增值幅度小於經濟成長幅度，因為在經濟成長的狀況下，企業數量和股票數量也跟著增加，但隨著人口增加，薪資卻沒有太大改變。

找出這些資料間的直接關係，其實沒什麼用處。誰在乎呢？真正的問題在於，如果你希望投資房地產獲得的報酬與投資股票相等，而且波動更小，那幹嘛還投資股票？這是個好問題，也有好答案。

房地產投資通常很龐大，也很難多樣化。房地產本身的性質，就讓人很難採取被動式的投資，因為投資人一定要出面處理出租維修等事宜。如果同時投資房地產和股票，在提供較少波動的平均報酬的條件下，股票和房地產市場之間的價差很大。

當價格很合理時，我們通常會在投資組合中增加房地產或基礎建設資產的比例（通常是透過上市的投資公司或財團），當我們發現其投資報酬很吸引人時（超過百分之七），尤其如此。我們期望從這些投資獲得的報酬，能與波動更大的股票投資報酬率相同。

烏龜的主張

烏龜對信用風險所做的觀察，可說是很簡單的常識。把利率固定的投資的風險，和波動甚大的股票投資的風險相比，當然沒有意義。貸款人還不出錢所帶來的影響，遠大於股價上上下下。

短期放貸vs長期放貸

我們看到了澳洲長期出現扁平甚至逆轉的獲利曲線（長期利率與短期利率或現金利率相比，可能出現相同或者更少的情況），因此我們不可能對澳洲的長期放貸過於期待。

荷蘭銀行的《二○○六年全球投資報酬年鑑》將現金（現鈔）的投資報酬與債券投資報酬分開來看。為了能比較兩者，以決定出股票風險溢酬，我們採取兩者的平均值。我們分析了十七個國家，其中有很多似乎都從長期放貸中獲利。

1950-2005年 各國狀況	債券 投資報酬率	短期現鈔 投資報酬率	這段期間的 風險溢酬
澳洲	6.1%	6.4%	-0.3%
比利時	6.9%	6.6%	0.3%
加拿大	6.8%	6.1%	0.7%
丹麥	9.3%	7.7%	1.6%
法國	10.1%	5.1%	5.0%
德國	6.8%	4.5%	2.3%
愛爾蘭	7.9%	7.3%	0.6%
義大利	8.7%	6.0%	2.7%
日本	7.0%	4.6%	2.4%
荷蘭	5.3%	4.5%	0.8%
挪威	6.6%	6.1%	0.5%
南非	8.9%	9.1%	-0.2%
西班牙	8.7%	7.8%	0.9%
瑞典	7.1%	6.7%	0.4%
瑞士	5.0%	3.1%	1.9%
英國	7.6%	7.2%	0.4%
美國	6.0%	4.9%	1.1%
平均	7.3%	6.1%	1.2%

債券的好處是可以交易，但是也有風險和費用成本，尤其在利率走低的時候。

九月兔的主張

十多年前，我們加入了一間很大的證券交易商，而且從這圈子的九月兔獲得很多好建議。他們說，「研究有其侷限性」，這句話若以白話解釋，就是「我們建議你別管分析師的話」。他們建議我們專注去買優質企業的股票，之後就可以放著不管。這些話和高蒂拉與九月兔之間的對話內容非常相似。

分析師的看法

第一年我們沒有把這建議聽進去，反而一直注意分析師的說法，結果投資績效實在不怎麼好。因此我們找到想在假日打工賺錢的年輕學生，請他們把所有上市的企業做張圖表，如果分析師對該股票做出變動的呼籲，例如由買變成不動，或者由不動變成賣，那他們就把這企業標示下來。觀察三年後，我們發現，與分析師的建議反其道而行，反而可以有更好的投資績效。

《澳洲財經評論》（*Australian Financial Review*）刊登的某篇文章作者也提到，他們研究過主要證券商分析師的看法。一般來說，他們發現，如果一年之後來看分析師的建議，會發現他們約有百分之七十五的錯誤率。

你難免會困惑，那為何花那麼多錢分析研究？要知道，很多人不是花錢購買分析師的看法，而是去購買他們的分析成果，然後根據這些資訊做出自己的決定。只有大眾媒體才會追著分析師的看法跑，因為他們要填補報紙和雜誌版面，好給那些容易受騙的傻子買來讀，甚至相信報導內容。

企業表現圖表

九月兔用來討論的一些企業表現圖表，是澳洲某些公司的真正表現。我們保留企業的名字，也把數據稍微修改一下。將長期的股價與每股盈利資訊做成曲線圖，會非常有幫助。從圖表中，你可以看見盈利的波動變化，知道相較於長期平均值，現今的股價是如何變化。

野兔的價格方程式

九月兔在他的方程式裡，將股利與盈利成長相加，除以本益比，得出一潛在投資值。這個方程式，是從著名投資大師彼得林區（Peter Lynch）的著作《登上華爾街》（*One up on Wall Street*）中借用出來的。這本書於一九八九年出版，當時通貨膨脹很高，因此股利也高，本益比卻低。因此，林區先生想找到比九月兔更樂意接受的更高值。本書中的推論若有任何錯誤，概與林區先生無涉，由本書作者負起全責。

我們曾用這種價值方程式替客戶找出其投資的價值。另外，我們利用下述產業著名分析師所修正過的平均值來預測。

假設盈利成長是穩健的

想找出盈利成長的數字，是非常複雜的事。近期的歷史數據是非常不好的指標，而分析師的預測也幫不上什麼忙，因為他們也受到近期歷史數據的影響。過去幾年有些研究顯示，企業長期盈利很難每年成長超過百分之十。

但是看看一九九一年至二〇〇五年間，澳洲企業的盈利成長狀況，你會發現狀況不一樣。這段期間，澳洲一百家企業的平均每股盈利的成長幅度約百分之十二，其中一半約超過百分之十，有時成長幅度還更多。但這些數字其實是生存者誤差值，也就是說，這個數字只包含成功的企業，失敗的企業已經被惕除，所以有誤差。此外，這段期間的經濟狀況其實很不錯，不像一九九一年發生大蕭條，企業盈利降至低點，政府結構也有調整，使得投資報酬有利於資本家，不利於勞工。

更長期來看，整體企業平均十年的盈利成長約在百分之三到百分之十，至於個別企業，長期很難表現得比這數字更好。如果太去注意盈利成長的可能性，投資人會很失望。海金（Robert L Hagin）在其著作《投資管理—投資組合多樣化、風險和時機》（*Investment Management - Portfolio Diversification, Risk and Timing*）指出，最好的投資，是投資於盈利成長被

預估較低的企業。這些企業比較可能表現得比預期好，帶給你驚喜，而且因為不受大家青睞，價格也比較便宜。

棕熊

　　棕熊代表的是這幾年來，我們曾有幸服務過的上百個客戶的縮影。我們和這些客戶一起享受過快樂時光，也學習許多關於生命、投資、人類行為等功課。

　　有這些客戶，才能鞭策我們梳理出更有道理、更具說服力的論點，來支持我們提出的理財建議，也讓我們成為更優秀的理財顧問。